換個姿勢看電視

鄭明椿◎著

耿序

有線電視基本上可分為頻道與系統（即俗謂的「第四台」）兩大部分。其中頻道的經營，大致涵蓋了節目的自製與委製、攝影棚的建構與管理、節目的採購、節目的編排、節目的鏡面宣傳（on air promo）、目標觀眾的鎖定、收視習慣的調查、收視率的分析、廣告的承攬、頻道的行銷、衛星的選擇，以及頻道向所有系統台的販售等等。

而系統台的經營，則包羅了纜線的規劃、鋪設、維護與升級，訊號品質的確保，與網際網路的結合，客戶的爭取與服務，自製節目的提供，攝影棚的建構與管理，以及每個月製作cable guide等等。

有線電視源起於二十世紀初的美國，引進我國已二十年。所謂「橘越淮為枳」，台灣的有線電視與他的美國師父相比，殊有不同。從好的角度以觀，台灣的觀眾何其幸也，月繳費與美國相若，可觀看的頻道卻數倍於美國。而蕞爾小國如台灣省，電影頻道和新聞頻道竟是double double。

由批判的角度以觀，當初系統台申請執照的過程中，竟出現審議委員罔顧申請人的專業條件，而以意識型態作為是否核准發照的標準，誠屬「台灣奇蹟」的又一例。堂堂主其事者棄專業如敝屣，則何能有期於業者舉止合宜，盡其作為社會公器所應盡的責任？頻道經營業者竟日拚收視率，由是八卦、膚淺、庸俗、腥羶的節目舉目皆是。

耿序

一般而言，系統台經營者不顧收視户權益，任意斷訊，更動頻道位置如家常便飯，廣告蓋台為所欲為，種種惡狀，筆難罄述。

台灣的有線電視生態雖大有別於美國，但基本模式和理論基礎終究仿山姆大叔，由是欲窺台灣有線電視的林林總總而作深入的瞭解，仍需有理論與實務兼顧的專家以為嚮導，庶不致不得其門而入，甚或迷途。

本書作者鄭明椿先生畢業於美國傳播學重鎮雪城大學（Syracuse University），獲頒博士學位。學成後任教於輔仁大學，課餘輒針對國內電視生態為文分析，諸皆肯綮，確鑿而客觀，因而頭角初露，享譽於業界。嗣以有感於深鎖學術的象牙塔，未如起而行庶以驗證所學與實踐理想，從而投入有線電視行業，曾擔任系統台總經理，更歷任緯來、衛視中文台、大地、MTV、中天電視和三立電視台的總監、執行副總或總經理，於有線電視產業，可謂十八般武藝樣樣精通。鄭先生之所以成為台灣有線電視的聞人而受推重，良有以也。

以鄭氏的條件而今執筆導引讀者觀賞有線電視這個大觀園，確為不二的人選。對於計劃加入有線電視行業，或欲成為有線電視的內行觀察者，本書之為必讀品，勿庸置疑。

前傳訊電視總經理

耿　陸

二OO二年十二月三十日

奚序

台灣人除了吃喝拉撒睡最常幹的一件事是什麼？沒錯，當然是看電視。根據尼爾森收視率調查公司二〇〇二年度報告的數據，在台灣，看電視是全民運動。百分之九十五的台灣人經常看電視，而且總是看得淚流滿襟——你應該知道是哪一齣，或是咬牙切齒——就是打對台的那一齣；有時候喃喃自語——通常是韓劇症候群，三不五時還會瞠目結舌——通常發生在看新聞的時候；選舉到了免不了議論紛紛——很少有人會一個人看新聞脫口秀；週末晚飯後開始樂不可支，怪笑連連——因為無線綜藝大車拼這個時候開打了；一年總有個幾回不是振臂歡呼就是搖頭嘆息——端視中華隊的勝負。講得嚴重一點，看電視就是台灣人生活的一部分，很大的一部分，而且，想當然爾地，透過電視訊號，我們台灣人才真正地連結在一起。

如果每台電視機都像最新型的手機加裝了迷你攝影機，那麼這些從反方向拍下來的表情動作言行舉止，可以稱之為台灣電視觀眾百態，一定比楚門的世界更震撼、更精彩，也更發人深省。當然這只是一般性，很想當然爾的描述，其實更適合過去只有三家無線電視台的時代；現在台灣觀眾看電視的情緒反應、行為模式和心理基礎要複雜得多，如果以分眾而言，很可能是全世界最複雜的樣本，因為台灣有個全世界最複雜、最怪異，也最不可思議的有線電視環境和生態。

既然看電視在台灣具有如此舉足輕重、關鍵的地位，想當然爾地

（一再重複這個辭的原因是缺乏資料佐證只好用想的），有關台灣電視，特別是有線電視的學術和實務研究必然是汗牛充棟、滿坑滿谷，很耐人尋味地，其實不然。身為有線電視的實務工作者，我們有時心虛到不能自已的時候，免不了虛心地想找些學術殿堂裏的東西來壯壯膽或是補補腦，不過深入寶山卻往往空手而回。也許是不得其法或是不得其門而入，總之這麼些年來只有塵歸塵，土歸土，用老鼠生的兒子會打洞的經驗模式繼續鼓其愚勇地摸索前進。書架上除了幾本陳年老帳的教科書，新進貨的大都是些隔靴搔癢的外籍經驗。

終於，我的朋友鄭明椿（借用「我的朋友胡適之」這樣輕描淡寫卻又劇力萬鈞的稱謂以為彰顯）寫下了這本道地的本土著作。看書之前先看人。在台灣有線電視界，鄭明椿是一個資歷完整的異數。頂著美國電視學術名山雪城大學的博士頭銜，不好好教書作學問，偏偏選擇下海，而且是從於法無據又群雄割據的第四台開始，頗有點落草為寇的味道。在台灣有線電視系統草創初成的那幾年，他幾乎無役不與，從撰寫營運計畫到經營有線系統到參與併購談判，從中央到地方，白山黑水，方方面面，看盡看透了這一段驚濤駭浪過後又暗潮洶湧的有線電視開拓史。最令人稱奇的是他的樂在其中，頗有點「回也不改其志」的氣派。其後，我的朋友鄭明椿饒有興致地遊走於多家土洋頻道，更進一步累積了電視節目製作、頻道經營以及市場操作的實戰經驗。回顧這段帶有台灣奇蹟色彩的有線電視發展軌跡和個人經歷，他階段性的總結是：電視真是個迷人的產業。誠哉斯人而有斯言。

「換個姿勢看電視」，單看書名就知道作者不希望這只是（「只是」這個辭用得很險，但絕對沒有絲毫冒犯）一本學術專用的參考書或教科書。想當然爾，除了傳播科系學生，每一個電視工作者、和電視相關的產官學界，甚至所有看電視，特別是邊看邊罵的觀眾，不管你用什麼姿勢，都不妨把這本學術為體、雜文為用的書、好好地看一看。

緯來電視副總經理

奚聖林

二○○二年十二月三十一日

自序

寫完了書的本文再寫序，是一種享受。因為沒壓力，因為不用看著電腦生氣，因為瓜熟落蒂。總之，很高興。

特別要感謝幾位前輩與好友。嚴正先生是我的老長官，謝謝他的知遇與提攜。耿陸先生是我的學長，謝謝他一路的關心與他的序。謝謝本書前兩話的第一位讀者奚聖林先生，也謝謝他為本書寫序。謝謝孫德萍、劉彩樺、謝慰雯、劉德蕙、鄭士俊、陳如雲、陳幸梓、陳瑞貞、黃子樵、周浩光、洪任中、宋文彥、曹競元、辛澎祥、張苡慈等

小姐先生，謝謝他們所提供的資料、支援、指正與鼓勵。這本書有很多話，是我寫他們的話。

家母是全書最忠實的讀者，雖然她不太看電視，但是她從頭到尾看完了一本電視的書，謝謝她的耐心與細心。家姊鄭明萱遠在美國，但就如十年前我的兩本譯作《解讀電視》、《美國電視的源流與演變》一樣，她的幫忙與提醒非常實用、非常有價值，謝謝她的專業。

寫這本書花了接近三個月的時間，它是我入行十年來的心得報告。記得十年前離開輔仁大學的教職，加入STAR TV台灣總代理的衛星媒體行銷公司，初識的耿陸先生就以為我僅是個短期過客，為了蒐集資料寫論文所以才會轉換跑道。這十年，證明我當時說「不是」的誠意，而這本書也是我在工作喘息中的臨時起意。然而既是心得報告，難免有主觀之處與遺漏所在，但是在國內普遍缺乏電視相關書籍

之際，仍希望本書能有所補強。

電視是個迷人的行業。換個姿勢，我還要再做一次。

鄭明椿

二OO二年十二月

目錄

換個姿勢
看電視

目錄

換個姿勢
看電視

目錄

附錄 245

第一話
走進歷史：換個姿勢看電視

不論今年是民國幾年，倒數回去的那一年發生了雙十革命，數千年的帝制結束，民主開始。這些年來，民主的程度多有改變，但不見得人人滿意。雙十革命後的五十一年，台灣電視起步，多年來幕前幕後也多有改變，同樣的不見得人人滿意。

台灣電視的前二十年，如同台灣的整體環境一樣，目標被過濾，異見被消音。為政治效力，為商業服務，是電視設計師不容懷疑的大作。從一台變三台，三台等於一台，黑洞愈挖愈深，錢坑愈來愈滿。當權者永遠是新聞頭條，賺錢絕對不會手軟，電視台的老闆出身「我們都是一家人」，傀儡戲是一門大學問與好生意。

接下來的二十年，戲照演，戲碼卻不同。演戲的瘋子變臉，看戲的傻子變聰明；看熱鬧的依然不少，看門道的愈來愈多。有人開始認真地批評與思考，低俗不再是唯一的可議之處，媒體的操控與開放成了新的焦點，電視科技與媒體的未來不能再迴避，甚至台灣電視的商業導向也是檢討的新思維。後面的二十年，觀眾看到了大陸中央台與HBO，看到了民視與公視，更看到了台灣從無線電視演進到衛星有線電視。

「雙十革命」指的正是後面的這二十年。稱它革命，因為前後的二十年差別很大，從一個山頭到另一個山頭。新的山頭屬於新電視，叫做衛星有線電視。然而兩個山頭僅是制高點的不一樣，沒有山的不同，因為左眺右望都在同一座山，一座商業電視的大山，所以事實上這是電視的演進。把它升格為革命，不是革商業電視的命，不是革無線電視的命，而是革閉關自守、鎖國電視的命。換個姿勢，是換到衛星有線電視。

孔夫子對於年齡與人生的界定，是老生常談，聽起來勉勵期許多於實況寫真，不是也有人說「五十才知四十九之非」嗎？每隔十年，都是一個階段，身為「五年級」的台灣電視，鐵定不符合老先生的盼望，因為疑惑太多。

雙十革命的序曲：無法十年

西元一九九三年，台灣有線電視大夢初醒。之前的十年，這個舞台屬於少數有眼光、想創業、膽子夠大、有政治野心的社會底層人士。他們沒有外援、缺乏專業，只憑著一點資金與幾支衛星小耳朵，和一些沒有版權的錄影帶，就在全省各角落掀起了一場不流血、沒有掌聲與號角聲的電視革命。從改善收視不良到提供額外節目，從合法的社區共同天線到無法可管的第四台，台灣的衛星有線電視突破陽春與克難，逐漸萌芽成長。

沒有人可以百分百確定這場革命的前哨戰，從何時何地開始。有人說是民國七〇年代初在基隆，有人說更早的五〇年代在花蓮。肯定的是，它之所以能在短時間快速普及，本小利多是必然，技術層次肯定是不高。換句話說，它是一項「進入障礙」、「經營門檻」相當低的行業。水電行與冰果室老闆最先認清這個事實，賣力地拉起同軸線纜，以機房為中心，串聯起幾百、數千、上萬的家庭。同軸線纜因其訊號強度隨傳送距離加長而遞減，所以不能無限延伸，有線電視注定是地區性的產物與寵兒。這個宿命到了光纖的時代才有所改變。

地緣與政治在台灣一直是雙生共存，政治人物視媒体為勢力的延伸與選舉的利器，在無法可管的十年，自然不遺餘力想要掌握需要白道放水的新電視，其中包含有特定政治目標的「民主台」。再者，有高利潤，又違法，就不可能缺少黑道圍事。如果利潤特別高，黑道自然就地下海，自己做莊。難怪在高峰期間，全省有四百家以上的業者，也有人說超過六百。混亂的時代，統治很困難，統計更困難。

一個月的月費一百、兩百五、五百不等，裝機戶的動機也不盡相同。靠電波傳輸的無線電視，由於地形地物的遮蔽，收視不良是許多地區的惡夢，地窄人稠的基隆與偏遠的花蓮都是如此。以每月少數的費用，換取可以不再受干擾的電視訊號，是受惠於經濟起飛的台灣民眾能力所及的開銷。在智慧財產權不受尊重的時代，每月多花一點錢，看看色情與摔角錄影帶、日本衛星、沒有版權的院線電影（俗稱「跑片」），以及後來的香港衛視等，相較於無線三台千篇一律與乏善可陳的節目，何樂而不為？

「一個月多少錢？」「幾個頻道？」「有沒有放A片？」這幾個問題

是當時第四台客服人員最常回答的問題。也有調查顯示，七成的第四台老闆認為成人節目可吸引訂户。它們的頻道名稱五花八門，有的叫「情趣電影院」、「性感電影院」，有的叫「鎖碼頻道」、「清涼頻道」，最有趣的應是「佳片」。不論收視的動機如何，這筆娛樂投資勢不可擋，在有線電視立法前，估計超過五分之一的台灣家庭已舉手通過「新電視」。八〇年代初，報紙的節目表版面上，「新電視」看來有點小家子氣，一共七個頻道，香港衛視五個，日本NHK兩個。其他的節目頻道當然是業者各顯神通，不會上報。

對政府而言，不是不管，而是無法可管。無法，包括沒有適當的法律，也包括沒有能力與意志力。新聞局深入瞭解新媒體、新科技的人太少，加上政治局勢混沌不明，國民黨、民進黨，主流、非主流，就已經讓整個政府部門忙得不可開交，那有閒暇認真研究看起來可以等一會兒的新玩意，況且維護三家無線電視台的寡占局面，最符合政治權力的既得利益。所以初階段的上上策，是視而不見，得過且過。簡單地說，政府對於有線電視的政策是「沒有政策」與「模糊政策」。自民國七十二年開始的研究工作，慢慢地討論與開會，等不及的第四台，生米已經下肚。其間政府釋放出來較具體的措施，除了十年後的立法，就只有「衛星耳朵」的開放。說穿了，開放也是與現實的妥協。看到屋頂上一望無際的各種耳朵，有新有舊，有大有小，有完整的，也有遭颱風摧殘的，不讓它合法也拆不掉。

既不深入，又不認真，公權力就只剩下暴力，剪線、抄台就是政府對新電視的最高政策。當時，第四台的機房設備簡陋，器材少，技術層次低，但是機動性超強。這個客廳搬到另一個臥室，這個酒櫃移到另一個壁櫥，並不費事，以至於線剪的多，台抄的少，普及率愈抓愈高。儘管如此，還是比抄非法廣播電台要好，最起碼有明線可剪，看起來比較有具體成績可以交待。

隨著第四台的快速發展，少數專家、學者、財團、外資、黑道、政治人物、利益團體，依不同的角度與目標，都看好新媒體的前景與錢景。其中的有志之士標榜著電視、電腦、電信的大未來，也就是所謂的3C。他們認為有線電視是「終極媒體」以及「媒體軸心」，希望推動台灣成為「亞太媒體中心」，以免在寬頻的競賽中缺席。其他的有心人士，大約均是商業與政治的考量。而老業者在荷包賺飽之後，深知手上的客戶就是現金籌碼，除了想再大撈一筆，更想成為名副其實的電視新貴。此外，大環境也趨於鬆綁，民國七十六年解除戒嚴，社會共識要改革開放，媒體當然不能例外。

抓不勝抓，政府從掃蕩變成招安，除了因為屢戰無功，也和第四

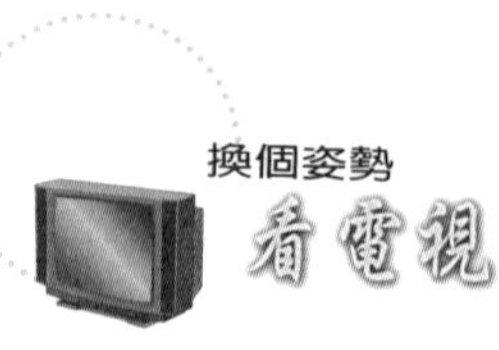

台的輸誠有關，因為他們保證不為當時的在野黨宣傳。美國三〇一的壓力，著作權意識高漲，更使得解決第四台的問題迫在眉睫。一時之間，社區共同天線、第四台面臨強大的轉形壓力，有線電視立法是混亂之後的主流民意。行政院在民國七十九年成立了「有線電視法起草小組」，回應了這股社會潮流。

於是一場立法角力賽終於起跑。公聽會、研討會、協進會此起彼落，國安局、文建會都有意見，不同版本的有線電視法在新聞局、立法院、民間老闆、報社記者之間流傳。「有線電視國母」、「有線電視之父」是當時的大紅人，遊走在各方勢力之間，非常風光。同時期，地方上的整合併購如火如荼。戶數的認定，每戶單價的認定，股權的計算，全台灣都在討價還價。財團、黑道、既有業者、地方勢力是四大天王，他們合縱連橫，彼此利用，誰都不想錯過這一次難得的發財機會。就像當時六合彩開獎的日子，每周兩天，誰不想提著大袋的現金走攤？

雙十革命首部曲：立法十年

一九九三年，第二個電視的「十年革命」開始，也是有線電視法通過後的第一個十年。民國八十二年八月，立法底定，之前的主戰場在系統、在通路；到了第二個十年，革命戰況升高，一分為二，從地面打到天空。第一戰場是有線電視系統的申設，第二戰場則是頻道的競爭。

遊戲規則清楚了，地面系統火力全開，整合愈發激烈。台灣最大的有線電視市場是台中，涵蓋超過二十萬的家庭住戶。原本大約有

六、七個第四台，包括民主台、財團台，以及地方派系台等，互相對立，競爭激烈。整合後，初期由地方人士出任董事長，財團派人擔任總經理，其他業者則逐漸淡出、被整合。但是身為全台灣規模最大、現金流量最充裕的有線公司，其整合過程中白熱化的鬥爭，與複雜的利潤資源分配，不是外人可以瞭解，以至於十年後仍有官司未了。台中系統之大，甚至以美國標準，都可以擠進前四十名。全省來說，新聞局以「有線播送系統」之名將原有的第四台納入過渡管理，登記者超過六百家之眾，然而在至多只有二百五十五張有線執照的情形下，併購整合可說是爭先恐後，前仆後繼。

有線電視法將整個台灣依行政區域與人口特性，分為五十一區，每區依法可申請設立最多五家有線電視系統。如此的制度，美意是要防堵壟斷，讓消費者有所選擇，讓業者間彼此競爭，可是五家之間到

底會有何不同？價格、服務、內容、品質？還是浪費資源，惡性競爭？事實上，每一區應該多大、一區內應該有多少家業者，都是企業經營與經濟規模的嚴肅課題。一區多家究竟是為了形成良性競爭？或是擺平各方勢力、通通有獎？無論如何，為了什麼已不重要，時至九〇年代，三分之二的區域已找不到第二個選擇，其他區域儘管有，幕後也可能是同一個老闆。「一區一家」已是事實，政府從依循美國模式鼓勵整合，到九十一年對於壟斷的檢討，研議擴大範圍重新分區，真是傷透腦筋。

系統的申設過程像是多元入學方案，每一個申請單位要撰寫幾大本的營運計畫書，要提出過去的輝煌記錄，要凸顯未來的回饋方案，還有像是博士論文發表的口試，裁判則是由十多人組成的審議委員會。市場上，缺乏專業的小型業者，找上有生意眼光的顧問公司寫計畫書，價錢有百萬以上的行情。另一方面，大財團動輒申請十幾、二十個區域，公司內部的運作像是補習班，也像是工廠的生產線。各區預定的經理人定期上課，惡補一些回饋地方、造福鄉里、公共服務、媒體近用等口號理論。另外，公司則統一聘用了數十位留洋高材生，一貫流程，分工負責，洋洋灑灑拼湊出幾十本大同小異的營運計畫書。

對老闆而言，動腦的格局當然比較大。要不要與其他業者整合？一戶該出多少錢？要不要續用既有業者？還是聘用新的專業經理人？董事長用誰？股東名單有誰？用親戚，還是用人頭？審議委員有誰？哪一個可以關說？黑道如何處理？地方派系怎樣擺平？立委要不要放人情？縣長需不需要給股份？議員怎麼辦？財團老闆有這些盤算，既有業者也差不多，全台灣所有沾到邊的人，不論身分為何，都是電視革命黨，算計著革命的成功機率。

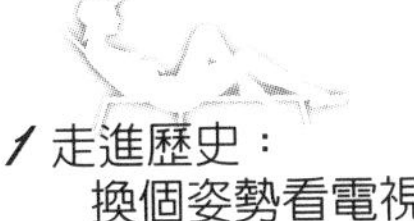

成功的機率頗高。審核揭曉，在兩百二十九家的申請者中，分六梯次共有一百五十六家雀屏中選。當時最受注意的應是和信集團，它身為業界的龍頭老大，總共提出了超過二十個區域的籌設申請。在第一梯次結果公布的台南縣市與新竹縣市中，和信共取得三張籌設執照，包括台南市兩張及新竹縣一張，成績斐然。可是到了眾所矚目的第三梯次台北市區域，和信竟然嚴重落榜，從此該集團在台北市的系統經營上缺乏強勢的影響力。

第二戰場的煙硝味毫不漏氣，而且洋味很重。衛視STAR家族與日本NHK系列頻道算是第一波的舶來品，音樂、體育、電影、戲劇大量進口，選擇真的比過去三台多上許多。衛視中文台引進的日本偶像劇、大陸劇，直到今日仍是歷久不衰的劇種。日本的「東京電梯女郎」、「一〇一次求婚」，與大陸的「吾愛吾家」、「編輯部的故事」、

「北京人在紐約」等，都是當時的口碑連續劇。民國八十二年，衛視中文台甚至還首次透過衛星，破天荒現場直播兩場中華職棒的比賽，在當時還是依靠「紅木」收視調查的日子，收視率已有不錯的成績。此外，中文台也網羅藝人胡瓜，製作了有史以來第一個針對台灣市場的衛星節目，台灣的天空從此變得很不一樣。

接下來，就是TVBS家族、超視、中天大地家族的出現，頻道數量暴增，新聞專業頻道、綜合性頻道陸續加入。全世界知名品牌的電視公司前仆後繼，例如早期的ＨＢＯ、Discovery，與後續的TNT/Cartoon、ESPN等，都看好台灣美麗寶島，是個錢淹腳目的華人明星市場。其中TVBS應是對台灣衝擊最大的頻道，其新聞的多元性與區隔性，明顯超越為黨政軍服務的老三台。起初在香港發聲，後來回台灣上衛星，TVBS雖是港資大於台資的公司，卻以本土為號召，口碑

與收視迅速累積，電擊了傳統無線電視的新聞。

本土頻道不甘示弱，因為轉頻器的供給成長與頻寬壓縮技術的成熟，衛星傳輸突然變得價廉物美，原本用錄影帶運送至系統機房的播出方式，快速地從八十四年起被衛星轉播取代。三立、聯登、力霸友聯（東森）、緯來、華衛、飛梭、博新，以及其他大小頻道，一夕之間從無到有、由地上天，成為實至名歸的衛星電視台，錄影帶拷貝廠的生意一落千丈。而在衛星時代以前，本土頻道的數量並不多，很多都是由系統業者自行整合片源，所拼湊出來的國片、洋片、綜藝、港劇、運動、卡通等頻道，全部加起來不過十幾個而已，品牌也不清楚。

可是到了八十五年，頻道數量已增加到四十個左右，包括衛視五台、TVBS三台、華衛三台、中天大地兩台、三立兩台、力霸兩台、緯來兩台，非凡、國興、春暉、真相、超視、博新、聯登、拉斯維加、飛梭綜藝、迪士尼、TV Time、CBS Hour、TNT、Discovery、MTV、HBO、CNN等。頻道爆炸，是衛星惹的禍。

頻道業者在使用錄影帶播出的時期，廣告必須拷貝在節目帶上，因為無法確認播出的時間與檔次的正確性，所以廣告經營相當困難，反倒是系統業者在不太講究的地方廣告上大有斬獲。八〇年代初期，台中應是表現最好的地區。房地產的榮景，造成該地區的空屋率全台第一，但也直接溢注了當地第四台的地方廣告，一個兩萬多户的系統，每月約有四、五百萬的廣告業績。

然而在上天上星之後，本土頻道的生意經開始大不相同。從前，節目賣給系統，除了商議每月的授權收費之外，還要說明其所提供錄影帶的數量。一旦使用衛星之後，播出的主導權換手，廣告確認的問題迎刃而解。除了系統授權費照收，節目頻道業者也開始認真地經營廣告，正面與無線三台競爭，收視與廣告大戰一觸即發。

開始的時候，對習慣於老三台的廣告客户來説，新頻道僅限於試探性的使用。廣告代理商為了對他們的客户有所交待，在電視預算內以極低的個位數比例聊表心意，以示敬業。漸漸地，比例擴大，一方面因為退傭高、價格低、可量身訂作各種彈性專案。另一方面，老三台的漫不經心，以及新電視在節目與行銷上的創意衝刺，發酵的結果是收視率的重新洗牌與廣告預算的重新分配。而廣告代理商在初期的保守做法，使得有線頻道業者迫於現實，採取跳過代理商、直攻廣告主的戰術，曾引起三者之間高度的緊張關係。這種現象或多或少一直延續到現在，不過多年來遊戲規則已經清楚許多，不擋人財路而已。

當然，廣告營收的變化是收視率消長的結果，美國如此，台灣亦同。在衛星有線電視不起眼的時候，無線電視可囊括九成以上的收視率。時至九〇年代，台灣有線電視的收視數字已達整體的六成，相對的廣告收入也是如此。廣告量的成長與其相對重要性，是經營有線頻道的一大變化。對很多頻道業者而言，系統授權費的收入已遠低於廣告營收。這個邏輯很簡單，節目受歡迎的頻道，收視率高，廣告收入也會衝得高，其成長的比例超過系統授權費。相反的，弱勢的頻道，收視率差，廣告不容易經營，系統也不願付高額的授權費，兩項收入都會很少。頻道的基本面上，系統通路固然重要，廣告變成生命線。

八〇年代中期，整體經濟的成長開始減緩，無線三台面臨有線電視的強力競爭，廣告營收出現警訊。八十六年民視成立，再度瓜分廣告量，老三台敗象已露，無法與黃金年代相提並論。就經濟規模而言，台灣民眾的消費實力可充分支持三家無線電台，過去每年兩百到三百億的廣告收入，使得股東笑不攏嘴，員工的薪水加獎金，一年拿兩年的錢。可是好景不常，八〇年代末期，有線電視的業績一路飆高，無線電視江河日下。過去由三台瓜分的收入，現在是四台拆帳，大餅變小，僧多粥少。虧損，不是惡夢，是九〇年代老三台的現實。

表面上，衛星有線電視可喜可賀，風頭十足，私底下的競爭卻更激烈，夾縫求存。從一九九九年「衛星廣播電視法」公布施行以來，已有境外與本土超過一百個頻道登記在案，分食一年約兩百多億的廣告與系統授權市場。一百億由四人分，算慘；兩百億由一百人分，豈不更糟。

人多勢眾的頻道家族，如東森、年代、三立、八大、緯來、衛視、中天等，資金深度夠，生財器具多，財務槓桿玩得妙，總體吸納了絕對多數的廣告與系統收入，賺賠看經營績效。而不論盈虧，只要老闆想做，就可以繼續做，就算不想做了，也會有人買去接手。相對的，形單影孤的單一頻道則是看天色、看臉色，小賺小賠，輸贏不大，如果不需要長期大量的現金投入，老闆就挺得住。所以經年以來，雖然有線頻道賺的少，賠的多，打烊熄燈的卻屈指可數，境外的有新視、米高梅等，本土的有TV Time、CBS Hours、Sun Movies等。

台灣電視從一九六二至今，已屆四十不惑的歲數。三十而立的大壽，碰上了有線電視的第一個十年，大人打小孩，勝負不足論。時至中年，當初遇到的早熟小伙子，已發育得判若兩人，不可等量齊觀。前面三十年，台灣電視有如一塊巨大冰冷的磁鐵，吸收了社會能量之後，卻沒有光與熱的回饋。後來的十年，則是大小不一的隕石，遠看像燦爛的流星雨，近處卻想穿上防彈衣。歷經二十年的電視革命，以電視開放的角度，它算成功。不過沒有太多的掌聲，因為除了數量之外，其他沒有什麼大改變。其實就算數量驚人，也別忘了社會學家馬庫色所說的，「就算奴隸能選擇主人，他還是奴隸」。

第二話

如出一轍：複製的電視典範

說典範，有點沉重，太過表揚。原文paradigm的意義，比較接近特性、典型，不分好壞，是長期累積的結果與不變的事實。美國學者曾以此概念分析美國電視的發展，而有自由、娛樂、競爭的結論。也有人以相同的方法論，研究美國百年電影史，形成自由、寡占、競爭的看法。兩者相同之處，自由與競爭，似乎有自由才有競爭。反觀台灣電視，自由度由緊到鬆，由管制到開放，在電視各產業的程度不太一樣，說不上有如此的典型，但競爭卻是事實。

典範之一：競爭

老資格的三台時代，大環境的自由度低，競爭雖然不能用「割喉」來形容，也不能與現在同日而語，但彼此的爭先恐後仍有激情演出。

收視率是比賽重點，那時的兩、三家收視率調查公司是裁判，由於觀眾的選擇少，收視率以十位數計，不過繪聲繪影的傳聞不斷，數字可以花錢用買的。「新聞王國」的台視，「戲劇王國」的中視，「綜藝王國」的華視，雖是自己封的，但從收視率看來也八九不離十，均是競爭的產物。

八〇年代，加入了衛星有線電視，各種王國逐漸衰敗，原來三台的茶壺風暴，提升為八十台的全面開打。以八點檔為例，過去不論王國誰屬，八點連續劇的前三名，除了三台還是三台，但有了民視與有線電視後，局勢丕變。民視的本土劇大行其道，後來居上；有線電視的三立台灣台也不甘示弱，以牙還牙。傳統三台變成了八點檔的弱勢族群，一輸好幾年，亂了陣腳。

除了節目收視率的持續競爭，比賽的項目亦趨多元。首先是與收視率有直接關係的廣告經營。傳統的檔購，進階的聯賣，賣MTV，賣主題曲已不足為道，比專案、比企劃、比低價、比退傭、比創意，變成了流行的銷售方式。例如把商品放在綜藝節目當贈品，是過去討好客户的做法；現在，要比效果，則是把商品融入戲劇，成為劇情的一環才夠看，客户才願意出錢買單。九十一年，謝常廷與胡志強紛紛出現在三立的「烏來伯與十三姨」，擔任市長演員，這是把人當做商品，異曲同功，十分有趣。這種做法統稱為「置入行銷」或「置入廣告」，廣告不再僅僅出現於廣告時段，節目內也在推銷商品。

節目廣告的競爭也延燒到系統，頻道要爭奪系統的授權費，更要爭奪在系統的播出位置，因為普及率是頻道經營的基本盤。哪一類的頻道要放在訊號較強的前段？在不同屬性的頻道區內，誰要放在前面？都是爭議，都要談判，都影響收視率。TVBS從當初到現在，盤據

38頻道這麼多年，幕後其實有許多競爭，明顯的贏家當然是TVBS。

有線電視的雷同性很高，在每一類的屬性內，都有好幾個競爭頻道，國片、洋片、新聞、綜合、卡通、戲劇、運動等皆然。電視業務人員很清楚，面對廣告客户，如果自己的產品是同類中的第一品牌，銷售一定比較容易，相反則要費盡唇舌，儘管發明了許多贈送與攏絡的手段，還不一定有效。所以，這個行業，叫我第一名，為了面子，也為裏子。

競爭的結果，是每個經營者都有一本藏在內心的秘笈，是過去成功與失敗經驗的總合。成功的要複製，失敗的絕對不要再碰。電視公司賣給廣告客户的產品，不是節目，而是收視率，是觀眾。收視數字愈亮眼，代表觀眾群愈大，價錢可以賣得愈好，甚至節目品味不能太高，以免和寡。少有人願意試驗一些新的節目型態，因為如果已經有

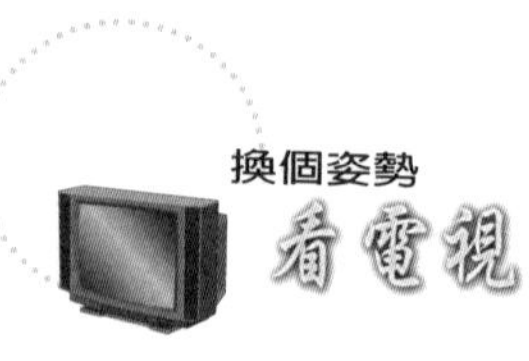

了驗證過的成功模式，絕對不會有勇氣嚐新，也不需要冒險。多數時候，新型多元節目的出現，是舊公式的不靈驗，或是比不過別人的成功經驗。抄襲是三台已來的老習慣，從前抄日本節目，有線電視則是彼此互抄。電視的競爭可以說是抄襲的競爭，而且除非萬不得已，少有人見好就收。

典範之二：寡占

台灣電視的第二個典型是寡頭壟斷。三台時期的寡占，不用多說，一目瞭然。進入八〇年代，衛星有線電視以及民視的加入，讓人有錯覺，好像霎那間天空開放，多頭時代來臨。但是換個角度檢查，事實不然。

目前的有線電視系統，市場資料是八十家左右，但是其中獨立經營的僅有二十二家，占有率約是百分之二十八，剩下的大多數皆屬於東森、和信中嘉、卡來爾（Carlyle）、太平洋、台基網等多系統聯營體系（Multiple System Operator, MSO）。除了位於中部的台基網屬於較鬆散的策略聯盟（約占百分之十二），其他的都是貨真價實的關係企業，所有權與經營權都由相同的老闆掌握。他們的系統占有率接近六成，掌握全台超過七成的有線電視人口，相當於約四百萬個家庭。六成與七成的差別，在於他們的系統要比一般獨立系統的規模來得大，戰略位置較佳。四個公司有如此的勢力，是寡頭壟斷的最佳男主角。

寡頭壟斷說的是全局，如果以個別系統區域來看，其實就是單純的壟斷。十年前一區五家的立法，十年後已是一區一家的事實，全台三分之二的地區已被壟斷，再抱怨、再不滿，也沒有第二個系統可以選擇，從鄉鎮到都會皆然。

系統如此，頻道也不遑多讓。系統寡占的大老，東森與和信同時也是多頻道的老闆，分別擁有八個與五個頻道。其他的頻道家族，如衛視、年代、TVBS、三立、八大、中天等，總共經營二十三個頻道，而全部加起來是三十六個頻道。如以全國八十個有線頻道來計算，這些大老闆的版圖，涵蓋面高達四成五。更深入地看，這些頻道家族在收視率上的斬獲，遠超過頻道數目的比例。八大系列、三立系列、TVBS系列，以及其他家族的部分頻道，均是市場上的搶手貨，霸占了每天收視率前八十名的節目排行榜。相對地，因為收視率的強勢，有線電視的廣告收入、系統的授權收入，絕大多數也進了他們的口袋。

收視表現好，無可厚非，可喜可賀，但是他們先天的優勢，也不容忽略。東森與和信有自己的系統，對待自家的頻道，當然有私心，

除了一定老實播出，行銷上當然不遺餘力。其他家族雖然缺乏系統上直接的奧援，但是傳統上，這些老闆之間都有些許淵源、默契，或是交叉持股。例如，衛視的國外老闆與和信共組中嘉公司，共同經營和信的系統，衛視的頻道自然與和信的系統關係密切。

此外，這些老闆的公司，除了經營本身的頻道，也是其他許多頻道的系統代理商，勢力因而更大。每年九、十月份開始，幾個大老闆，不會超過十個人，就可以決定次年的頻道市場，包括單價行情與頻道播出表。誰上、誰不能上，誰在前、誰在後，都是少數人的決定。「密室政治」，或許可以形容一二。不過，千萬不要以為他們的關係永遠和諧，寡頭還是會搶破頭。他們爭普及率，爭播出位置，爭系統與廣告收入的大餅。單純競爭，不足以形容一二。

寡占的成因，產業特性是主因。不論系統、衛星、頻道、節目，均是資本密集與技術密集，只有大公司有能力長期地投資與經營。一個地區性的有線電視系統與一個較具規模的頻道節目部，差不多都有上百人的規模，更不用說有數百人的新聞部，光發薪水就必須要有「硬裡子」與「深口袋」。硬體衛星與光纖的工程，軟體節目與新聞的製播，也需要有經驗的從業人員。先天上，大公司有經營管理的專業，與銀行的關係也比較密切，面對初期投資龐大、回收慢的有線電視，一般人很難跨越門檻。

無論如何，寡占是事實，也是他們長年來努力的成果。當然，目標不是寡占，而是擴大經營績效與利潤。寡占的後果，是少數人決定眾人事。新頻道想要進入台灣市場，愈來愈難，因為舊勢力不允許，不允許排擠效應。多元碰上寡頭，只能低頭。

典範之三：娛樂

不會有人反對，台灣電視的乳名是娛樂。從老三台開始，台灣電視足以寫一篇娛樂史，洋洋灑灑四十年。不論無線有線，一起為娛樂效命，無怨無悔。

相較於歐洲電視的公共化，台灣的電視制度偏向美國的商業模式。而商業電視的特質，就是觀眾的極大化，並以此爭取廣告客户的預算。沒有歐式的政府補貼與電波收費，廣告是唯一的收入來源。儘管有線電視尚有系統授權的收入，但是其收費的高低，也是要看每一個頻道的觀眾緣。缺乏觀眾基礎的頻道，不但收不到系統的錢，為了播出，可能還要付錢給對方，看人家臉色。

不可否認，娛樂最有賣相與人緣，最具群眾基礎。電視上也可以看到娛樂以外的節目種類，如新聞與運動等等，但是在商業電視的體制下，他們也必須通過與娛樂同樣的檢驗，那就是收視率的高低。何況以節目量來看，娛樂性的內容遠遠超過其他的選擇。

老三台的成立，有其時代背景，必須為執政者服務，可是一旦走上了商業的不歸路，娛樂與娛樂包裝變成宿命。時至頻道開放、衛星有線電視充斥的日子，為了競爭，娛樂更是不二法門。不是沒有人實驗過其他的門路，可是打開電視，就知道實驗失敗，而且失敗得很徹底。

實驗也有成功的，就是把娛樂的心法與做法移植到新聞。八〇年代初期，從某主播開始標榜美國風開始，台灣的電視新聞就日漸娛樂化。美國風或是美式作風代表娛樂性，是誤解還是誤導，不得而知，事實卻是主播愈來愈年輕貌美，造型愈來愈亮麗光鮮，表情愈來愈豐富生動，播報語言愈來愈不講究。「氣象王子」、「氣象將軍」，聽起來好像是職棒與職撞選手的外號。娛樂圈不是最流行外號與口號嗎？「四大天王」、「師奶殺手」聽起來很熟悉吧！

相同地，新聞內容也趨娛樂化。如果新聞僅是資訊，新聞專業人員應有的判斷是資訊的重要性：重要性愈高，影響範圍愈大，篇幅就愈大。但是「全民八卦」的社會現象，早就否定了新聞等於資訊的傳統認知，因為如果有偷拍、緋聞、嗑藥、舔耳，絕對是頭題，而且每天從早到晚播出幾十次。為何如此？不是因為他們對於資訊的判斷有誤，而是因為他們對如何娛樂觀眾有深入的研究。新聞既是商業電視機制的重要一環，就無法脫離商業的宰制。有數字才能賣給客户，有數字才能生存，包括每次收視率不好就被檢討的主播，沒有例

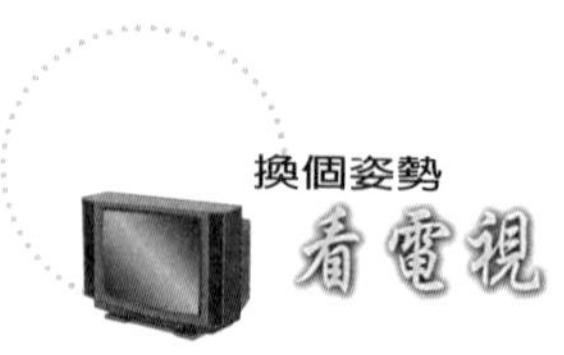

外。

商業電視的新聞除了娛樂觀眾，還要服務客户。客户有記者會、發表會，新聞攝影機必須到場，就像送花籃一樣，送一則新聞。有時候，如有負面新聞，要送的是靜默，是沒有新聞。

公共電視比較不娛樂，這是全民共識，也反應在收視上。幾年來，其實它的收視率有進步，但再進步，到現在還是個位數字的收視占有率，顯然不捧場的觀眾鍾愛具商業價值的娛樂，還樂過了頭，忘了公視是納稅人出錢建造的電視台。公共電視是「不使用者付費」，娛樂的衛星有線電視才是使用者付費。

如出一轍的主題曲

無線電視受限於稀少的電波頻率，頻道數量有限，從過去的三台，後來加上民視與公視，現在是五台。雖然還有可能更多，但基於公有資源的管制，終究有嚴格的上限，比不上衛星有線電視幾百個頻道的潛力。

換句話說，衛星與有線電視的「應許之地」，就是給觀眾更多的選擇。以八點檔為例，過去的日子就只有連續劇，古裝、時裝、本土、國語，翻來覆去還是連續劇。現在，無線八點的連續劇依然存在，但是除此之外，還有更多的戲劇、電影、體育、卡通、新聞、音樂、紀錄片等等，選擇的確增加。「拇指神功」是現代人的絕學，選台器成

了看電視必備的工具。左轉右轉，有廣告就轉，不好看也轉，有了選台器，看電視才能變成一項輕鬆的娛樂。

但是仔細想想，選擇真的有想像中那麼多嗎？或者僅是數量的假象而已？美國觀察家在衛星有線電視發展了幾十年之後，以美國經驗，下了這樣的一個註腳，more of the same。

回想一下我們的電視經驗。每晚七點，坐下看電視，想看新聞，從無線到有線，從綜合台到新聞專業台，超過十個以上的頻道同時在播新聞，數量上的選擇很多，但一樣的八卦，一樣的制式，一樣的錯誤，連每個主播的長相、穿著都很像。樂透開獎，每台的主播都有數字分析，都在報明牌，號碼不同嗎？是否都不太準？新聞台每天播下來約有一百五至兩百則新聞，看起來絕大多數都是相同的新聞。看到熱門新聞人物開記者會時，桌前擠成一堆的麥克風，就知道有價值的

獨家新聞多難得。

看完新聞報導，輪到政論性的談話節目，從晚上八點到半夜十二點，大概少說也有十幾個類似的節目，包括長壽級的「2100全民開講」，以及後起之秀的「文茜小妹大」、「新聞駭客」等。每個節目一小時，愛看的人可以從八點起連看四小時，周一到周五不間斷，有的節目在周末還有重播。大家都爭收視率，除了針對當日最熱門的話題，幾乎別無選擇，所以大家談來談去都差不多。幸好主持人不一樣，否則從來賓及題目看來，好像是同一個節目，不過是換個頻道再談一次而已。這些節目還捧紅了一些所謂的名嘴，看起來也是more of the same。

看夠了新聞與政論節目，轉台欣賞國片電影台。緯來、東森、衛視都是，每一家除了台名與頻道號碼之外，有何不同？從過去的國片黃金年代，到現在台灣電影已邁入夕陽工業之際，國片的累積量本來就不是天文數字，而且這些年的產量更有限，九十一年港台兩地只發行了二十幾部，其中台灣電影不到十部。可是不管是否後繼有力，每一家公司買了幾百部的舊電影，就成立電影台。播了幾年之後合約到期，同樣的片子又被賣到另外的電影台，再播一次。這有點像二手電影交換中心，人家的舊片到了自己的台，就變成首播。就算有些電影台擁有永久的獨家播映版權，因為片源片量有限，重播成了常態，忠實觀眾只要記性好，就沒有新片，「少林足球」一年播出好幾十次，選擇真的多了嗎？

選擇一定比過去多，也比過去方便，但是重複性如何？「雍正王朝」從中視、衛視中文台到中天；「飛龍在天」從民視到東森；「台灣阿誠」從三立到衛視電影台；「神奇寶貝」中視、衛視中文台、東森幼幼台都播過。理論上，有線電視頻道眾多，觀眾分散，每一個節目的播出都僅觸及小量的觀眾，所以「重播」可以服務不同作息時間與生活習慣的消費者。沒錯，便利是件好事，可是從多元文化的觀點，又是不同的故事。

目前台灣大約有七、八十個不同的頻道，若以頻道屬性區隔，可分為綜合（如三立台灣台、衛視中文台、東森綜合台、TVBS、東風、八大、MUCH、超視、緯來、中天等十數個）、新聞（如民視、年代、SETN等六個）、國片（如衛視、東森等）、洋片（HBO、AXN、Hallmark等）、音樂（如MTV、Channel[V]）、體育（如ESPN、STAR Sports等）、卡通（如卡通頻道、迪士尼、東森幼幼等）、戲劇（如八大戲劇、緯來戲劇等）、日本（如國興、JET等）、宗教（如佛光、大愛等）、文化生態紀錄（如Discovery、Animal Planet、知識、國家

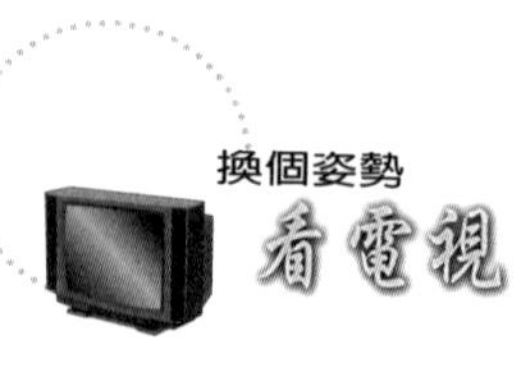

地理雜誌等）等，雖然每一類別中都有兩個以上的頻道，但其中的差別真的很大嗎？

九十一年的晚上六點，「完全娛樂」與「娛樂百分百」俱是娛樂新聞，是兩個選擇？還是一樣的活蹦亂跳？晚上七點，「烏來伯與十三姨」與「親戚不計較」俱是鄉土劇，是兩個選擇，還是一樣的人物刻劃？晚上八點，「明成皇后」與「女人天下」俱是韓國歷史劇，是兩個選擇？還是一樣的女性主義？晚上九點，「命運鑑定團」與「命運好好玩」俱是命理節目，是兩個選擇？還是一樣的玩命？晚上十點，「台灣尚青」與「離家吃走」俱是美食走透透，是兩個選擇？還是一樣的吃喝玩樂？晚上十一點，「新聞駭客」與「新聞夜總會」俱是政論節目，是兩個選擇？還是一樣的多話？當然這也是競爭的策略與結果，用同樣類型的節目捉對撕殺，美國教科書稱它為「對立性節

目編排」（counter programming）。無論如何，試想在每一個頻道類別內減少一半的數量，選擇的量是降低了，可是選擇的品質究竟差多少？是不是包子與饅頭的差別而已？

十多年前，一位美國學者曾引用英國學者的話說，二十年後的電視應該與現在的差不多。猜想為了怕錯，這位美國人既保守又含蓄地補充說：「長久以來，有許多證據顯示，觀眾僅在傳播工具中做選擇，儘管內容的選擇是多了一點，且偶有佳作，但仍然不脫離娛樂的既有傳統與模式。」不錯，傳輸工具是不一樣，無線、錄影機、衛星、有線、類比、數位的確不同，不過從電視螢幕出現的內容，是否大同小異？是否娛樂而已？數大美不美？多多真的益善？其實沒什麼對錯，只不過在如出一轍的娛樂之外，有沒有其他的選擇？有多少其他的選擇？不同的選擇之間又有多大的差異？

八〇年代，美國學者曾調查有線電視用戶的收視行為，發現他們固定收視的頻道只有六個，比非有線電視家庭不過多出兩個頻道。推想台灣的情形，儘管有八十個頻道可供選擇，但經常收看的應該不超過十個。從收視率來看，綜合娛樂屬性的頻道搶占了大部分的收視數字，也就是它們最受觀眾喜愛，不過這十幾個綜合頻道，是否看起來個個差不多，與無線電視的內容是否也是大同小異？所以如出一轍more of the same，除了是有線電視的發展路徑，也是觀眾的選擇，人們是不是喜歡收看差不多一樣的東西？觀眾的品味是不是如出一轍？大眾娛樂是不是唯一的無限上綱？

第三話

逛逛大觀園：節目內容與編排

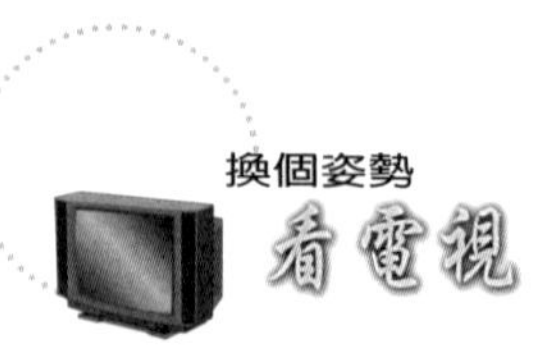

無線三台在寡頭壟斷台灣電視三十年之後，後起之秀的衛星有線電視才算是發育完成，準備進入市場一展身手。最早真正能以電視台相稱，又瞄準台灣市場的業者，大約只有從香港上鏈的衛視集團。開播時，擁有BBC、ESPN、MTV、STAR Plus、衛視中文台等五個頻道，除了後兩個是自行開發的頻道以外，剩餘三個均屬策略聯盟性質，共同加入以「STAR衛星電視」為品牌名稱的衛星平台。這是全亞洲第一個以跨國界、跨文化為目標的衛星電視，它鎖定金字塔頂端的消費群，其中衛視中文台則是針對亞洲華人市場，台灣身為華人指標股，自然是衛視首要搶攻的灘頭堡。

英雄創造時勢

這五個頻道組合大致維持了幾年。後來BBC得罪了中共，靜悄悄地下台一鞠躬，從此在台灣發展得很不順利。ESPN、MTV也脫殼而出，自行其道。以天價從香港業主李嘉誠接手的梅鐸新聞集團不甘示弱，針對運動與音樂，推出了STAR Sports與Channel [V]，正面交鋒。時至新世紀，兩個運動頻道已聯手出擊，在台灣及東南亞等地合資與合作經營。兩個音樂頻道則是互不相讓，在台灣、大陸、東南亞及印度等地，鬥得不可開交，各有勝負。

五個頻道中，最受台灣觀眾歡迎的當然是衛視中文台，不過以全亞洲華人為目標的衛視，仍需照顧中國大陸的潛在觀眾，因此在開播的前幾年，節目的主導權一律在香港總部，在台灣僅與當時最有實力的和信傳播集團合作，由後者主導成立「衛星媒體行銷公司」，負責衛視在台灣的行銷、系統與廣告業務。這家公司成立後約兩年，因為雙方後續合作條件談不攏，衛視與和信拆夥，自行在台灣成立分公司，一番招兵買馬、力行本土化，到了八〇年代中期之後，才在台灣站穩了馬步。九十一年，衛視中文台更將衛星上鏈從香港清水灣移回台灣，地方打贏了中央。

大陸劇、偶像劇、港劇

八〇年代初期，電視的巨人是無線，收視率幾乎都在三台旗下。在巨人的身影下想出頭，勢必要有非常的作為，而戲劇節目雀屏中選，成為當時的主力部隊。選擇戲劇有其依據，一是容易培養忠實觀眾，二是台灣觀眾酷愛戲劇，三是亞洲的戲劇節目來源豐富。

大陸的「我愛我家」與「編輯部的故事」等節目是第一波攻勢。前者有些像是台灣的長壽劇「親戚不計較」、「烏來伯與十三姨」，以家庭為背景，描述成員間的喜怒哀樂。長久以來，這是台灣觀眾第一次看到彼岸的戲劇，自然引為話題，不過因為當時第四台的普及率有限，且礙於對大陸人事時地物的陌生，並沒有造成多大的風潮。「編輯部的故事」則以大陸新聞媒體的運作為藍圖，有人情事故，有玩笑諷刺，但同樣的也是有口碑無收視，有面子沒裏子。兩部戲的共同特點是節奏慢，這是台灣觀眾初期對大陸劇的普遍感受，其他有如「上海人在東京」、「北京人在紐約」，也是差不多。

到了八十五年，大陸劇終於第一次躍登高峰，衛視中文台與成立不久的超視，均購得了「武則天」的版權，並選在同時間播出。一時之間，兩邊除了尋求管道解決一片兩賣的版權之爭，更在爭取觀眾上角力較勁。一天播出兩集，是超視的絕招，並在報紙上以大幅廣告宣傳，速度與聲勢上超越中文台，收視率自然也是贏家。「武則天」一劇除了創下兩台聯播、一天兩集的台灣紀錄，更有下檔後連續重播的史上第一次。自此，大陸劇成了台灣電視一項可口的選擇，八〇年代下半開始，「宰相劉羅鍋」、「康熙傳奇」、「雍正王朝」、「康熙帝國」等古裝帝王宮廷戲，是觀眾的最愛。

日本偶像劇是第二波攻勢，也是偶像劇在台灣的濫觴。直到今日，它仍是一個重要的劇種，從日本、韓國到本土，讓人看得眼花撩亂。偶像，顧名思義，指的是俊男美女的明星；偶像劇，則是這些看來賞心悅目偶像的故事。時間是現代，空間是都會，內容的是飲食男

女的情愛。它很年輕、很浪漫、很時尚、很唯美，年輕人很容易在其中找到認同與幻想。比較起來，當時的三台電視很老成、很穩重，沒有提供類似的產品，偶像劇的流行只是時間問題。

「東京電梯女郎」為衛視中文台敲開了台灣大門，敲得很響、很熱鬧。宮澤理惠是女主角，內容是她的愛情、家庭與工作。有了成功的經驗法則，中文台趁勝追擊，推出了一系列膾炙人口的日本偶像劇，「一〇一次求婚」、「跟我說愛我」、「東京愛情故事」、「發達之路」、「奇蹟餐廳」、「十六歲新娘」、「天使之愛」等，叫好又叫座。許多競爭者隨後追來，日本偶像劇成為跨頻道的共同語言，除了綜合頻道之外，也有標榜專業日本節目的日本台。搶購的結果使得售價水漲船高，有五倍之多，還引發業者間一些不愉快的爭議，而日本片商知道奇貨可居，也變得趾高氣昂。

這些日本劇在日本上檔時是一周一次，並非帶狀天天播出，所以就台灣標準而言，每一齣戲都不長，絕大多數都是十到二十集而已。因此，台灣帶狀播出日本劇時，每部戲僅有兩、三周的生命週期，宣傳不易，觀眾與口碑累積到一定的程度，播出就已接近尾聲，造成收視率的上衝力道有限，每一檔戲依演員與劇情的號召力，而有不同的收視命運。現在流行的韓劇，部分也面臨一樣的困境，因為集數短，收視即使飆高，卻無以為繼、好景不常。衛視中文台在八十年代中期，曾試驗每周五天，一天一劇，一天一集的播出方式，看得觀眾頭昏腦脹，不知所云。帶狀天天播出，美國有白天的肥皂劇，韓國有晚間七點半檔的家庭劇，在台灣更是無線與有線電視成為主力時段的標準規格。

當年的日本偶像劇中，收視最好的一齣戲，應該是由酷哥豐川悅司飾演啞巴畫家的「跟我說愛我」。為了從頭到尾不能開口說話的男主角，中文台舉辦了一個抽獎活動，題目是在最後一集中，男主角對女主角開口說了什麼。超過二十萬封名信片的回函，造成轟動，正確答案很簡單——「我愛你」。

八〇年代中期的日本偶像劇，都配上了國語，因此觀眾在「跟我說愛我」最後一集的高潮，聽到的是配音員說的「我愛你」，有人不過癮，想聽原音。中文台後來應觀眾要求，以日本原音重播一次，許多愛看熱鬧的觀眾卻大失所望。隔著鐵道，常年不說話的豐川悅司第一次開口，既勉強又生硬，對劇中飾演女演員的常盤貴子叫「我愛你」，對不熟悉日語的台灣觀眾聽來，竟好像是一聲「阿……」。

時至九〇年代，日本偶像劇風光不再，一方面因為觀眾的新鮮感退燒，別有所愛；二方面則因為日方供貨不順，自斷生路。供需是大學問，值台灣需求高峰，日本提高賣價，自然逼退了一些不敷成本或是不買帳的頻道，轉而尋求低價的替代品，韓劇是其一。

至於日本人提高售價的原因，是在體會到台灣錢淹腳目的道理後，對利潤的期待高漲，而有了惜售的心態，寧願不賣，也不賤賣。台灣人不甘示弱，數家頻道業者鼓吹聯合抵制，要求國內建立日劇的合理價格。至此，由於播出的不順利，頻道業者轉移炒作與造勢的重點，另捧新秀。影響所及，日劇的氣勢與流行感下滑，觀眾的熱度也相對降溫。後來，有頻道忽略了已經轉換跑道的觀眾，以高價搶進日劇，不但沒有賺到收視，更賠了不合群的凱子顏面。

日劇如此，其他節目何嘗不是。從本世紀開始的「韓流」，使得原本低價的韓劇，變成了台灣片商與電視台的搶手貨，價格愈搶愈高。一堆人，一窩蜂，都在叫價喊價，一聲比一聲高。曾幾何時，一集幾百美金的韓劇，飆漲了十幾倍，萬元美金一集已不是亂喊的價錢。霹靂頻道從默默無聞開始播韓劇，到其他電視台播出「藍色生死戀」、「愛上女主播」、「情定大飯店」、「冬季戀歌」，「開朗少女成功記」而大紅大紫，韓劇像是一步一腳印，踩著日本偶像劇走過的路。

第三波是港劇。首先是香港亞視的港劇，在有線頻道尚以錄影帶傳送時期就已廣泛播出，不過因為多是舊片，所以在市場上並未轟動。直到八〇年代初TVBS成立之後，強勢引進香港無線台的節目，港劇才真正在台灣發功。到了十年後的九〇年代，無線港劇仍是時有佳作，十分熱門。

自製節目

買來的節目，可先試看，可驗貨，有它的好處。價格上也比多數自行製作的節目要便宜，這對成本偏低的衛星有線電視來說，有它的優勢。全世界很多國家的電視也是如此開始，為了降低成本，也為了缺乏人力資源。不過，畢竟是買來的，是其他國家的製作人，依據該市場的時空條件、流行文化的走向與其觀眾的口味所製作的節目。移植到台灣，可以很巧妙地融入，也有可能格格不入。

八〇年代，衛星有線電視競爭激烈，自製節目是突破重圍的焦點。購買外來的節目，能適合台灣市場，有眼光，了不起；但是能自己做節目，叫好又叫座，才有終身成就。以時間先後來看，TVBS、超

視、衛視中文台、三立是老字號的優等生，有線電視的先賢。

從舊世紀一直播到新世紀的「2100全民開講」，應是台灣有線電視最長壽的節目。對於它，雖然褒貶不一，但絕不能忽視。由廣播開始，李濤就是call in節目的先驅，而「2100」的成功，也是後來綿綿不絕模仿者流口水，卻始終無法超越的對象，當然「2100全民亂講」可能除外。台灣人本對政治有非比尋常的熱愛，這個節目是火上加油，或是搧風點火，或是兩者兼俱，答案不得而知。面對當時日新月異的台灣政治環境，主攻大尺度的政治話題，讓平民百姓在媒體上開口講話，實在是一大突破，也難怪收視率居高不下，幾乎每天長駐熱門節目排行榜的前段班。主持人李濤，從瘦到胖到瘦，從棚內到户外，從台北到南部，從坐著到站著，從少數三、五個來賓，到數十位現場觀眾的加油打氣，是台灣有線電視長跑級的節目主持人。坐落於以本土

為號召的TVBS，它是招牌，是搖錢樹，打響了衛星有線電視的第一砲。八十五年，TVBS也在十點線推出「王牌十點檔」一系列談話節目，主持人以吳念真、白冰冰、陳文茜、謝長廷等強棒出擊，也是早期有線電視的重點節目。

「我們一家都是人」是超視的開台創舉，也是口碑作品之一。喜劇難做，圈內人都知道，超視當年有勇氣做，而且成功，就是傑出。它以舞台劇的編導演員為後盾，結合時事，當天錄當天播，創下不凡的收視率。它的所費不貲，號稱每集有百萬之譜，如果真是如此，大約是台灣有線電視史上最昂貴的節目。之後，模仿者雖眾，卻無出其右者，大體上都失敗得很慘。這個節目網羅一時之選，加上每天即時錄影，成本自然高，以當時有線電視的廣告市場，投資報酬並不划算。

超視一開始由香港人主導，大手筆的傑作尚有以尋寶為包裝的户外競

賽旅遊節目「黃金傳奇」。它也是開台創舉之一，每次到國外出外景，浩浩蕩蕩一行最少四十人，大概也是台灣最高記錄。

每週日中午十二點半，是「黃金傳奇」的播出時段，從八十四年開台到九十一年，都沒有改變。對於習慣於經營周一至周五晚上的台灣有線電視來說，這個時段算是冷門，非常的與眾不同。那麼為何有如此的戰術選擇？「一台抵三台」是超視開播之初的宣傳號召，無線三台是明顯的競爭目標。「我們一家都是人」打八點硬仗，「新包青天」是九點重砲，「黃金傳奇」則是周末的伏兵，專門對付當時華視的「百戰百勝」，一個類似的外景競賽節目。

除了三台之外，周日中午時段由於沒有強大的競爭對手，它必定有贏的機會，但當然也是實驗，因為沒有有線台嘗試過。能播出這麼久，證明實驗成功，但少有其他有線電視台跟進，原因是一個塊狀節

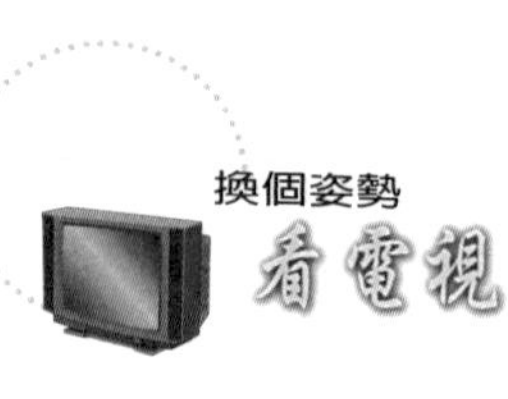

目的成功，不足以在財務上撐起一個電視台。超視當年有「我們一家都是人」的帶狀播出，「黃金傳奇」不過是戰術上的側翼而已。九十一年下半，超視的經營權換手，市場傳聞「黃金傳奇」即將停播。

資格最老的衛視中文台也不遑多讓，在本土化的號召與策略下，除了建立台灣的製作班底，也推出一系列十點檔的自製節目，其中「台灣探險隊」最受矚目，除了收視率好、入圍金鐘之外，也開啓了台灣戶外生態、探險尋奇、行腳紀錄類節目的商業大門。很多人眼睛為之一亮，原來這類看來像是當時廣電基金所製作的公共電視節目，也可具有商業電視的實力。儘管如此，它的起頭讓人失望，八十六年的某個週四播出第一集，收視率有一半的時間是零，幾週後才緩步爬升，進駐熱門排行榜。做節目的人都知道，有些節目需要時間培養觀眾，無法一蹴可幾，但困難的是，到底需要養多久？養多久才放棄？

中文台另一個亮眼的節目是「名人三溫暖」，它是台灣名人訪談帶狀節目的祖師爺，走催淚路線。播出長達五年，每年大約訪聞兩百多位的來賓，前後加起來的名人不計其數，政治、社會、藝文、影視、音樂等行業無一漏網。民國九十年因無以為繼，收視率衰退，下台鞠躬，謝謝收看。不過，「三溫暖」的徒子徒孫依然健在，收視率卻無法與當年的節目相比，而同樣的名人有些還在上節目，說著差不多的故事。

當外來頻道還在高喊本土化之際，少數國內經營者已大有斬獲，三立是其中的佼佼者。從發行餐廳秀錄影帶開始，這家百分百的本土公司就對台灣綜藝市場著墨甚深，中南部民眾是最忠實的觀眾。「黃金夜總會」是三立綜藝的中期產物，也是台灣有線電視的人瑞級節目。它的出身與早期無線三台的綜藝雷同，但在節目單元與表演方式上，超越三台的規格，力求誇張，以求「笑」果。「黃金」歷經早期偏向餐廳秀的表演，發展到足以進軍年輕校園的「鐵獅玉玲瓏」，九十一年更進階到本土音樂文化的質感演出。這些年來，所謂的本土綜藝在面對競爭，與老闆的刻意突破，有不少的改變與進步。

時勢創造英雄

開路英雄創造時勢之後，百家爭鳴，台灣的電視節目從此變臉。每天好幾百個節目，各式各樣都有，競爭愈來愈激烈，淘汰愈來愈兇悍。看別人與自己的成敗經驗，公式與模型慢慢浮現，成功的節目被大量複製，形成台灣衛星有線電視的節目特色。這指的是數量，是收視率，不一定與品質成正比，談不上好壞對錯。數量大，代表曝光高，也容易被人注意，遭人非議。電視人對於挨罵，有難以啓齒的情節，因為很多時候，愈罵愈紅。另一方面，數量大也代表有線電視的特質之一，那就是如出一轍，一樣的節目真多。

談話節目

來自「2100全民開講」的啓發，此類節目數量之多，堪稱台灣有線電視的冠軍，由此也發展出許多不同形式與主題的談話節目。而這類節目之所以能獨霸節目表，且歷久不衰的主因，是它的低成本。最陽春的，攝影機前只需要一個主持人就能開張營業，找個題目，接聽觀眾電話，插科打諢一番，時間就過去了。有線頻道初上衛星時，現場call in節目比比皆是，很多人以為做節目原來如此容易，經營頻道原來如此廉價。但是不久後這些人都閉嘴了，也退出市場了，因為成本再低還是要錢，再容易還是要看收視率。沒有廣告收入，如果系統也推展不利，就只有關燈落幕。

談話節目要成功，主持人與主題同等重要，節目形式與設計次之，所以很多電視台想要製作這類的節目，卻因為苦無合適的主持人而做罷。所以，主持人的號召力、知名度、親和度、觀眾緣、主持功力，是製作人的首要考慮。李濤從廣播的call in開始紅，到電視時代，接收原有的群眾基礎，自然事半功倍。「名人三溫暖」換了好幾代主持搭檔，從李秀媛與趙少康，到李秀媛與趙寧，最後由于美人及趙樹海等擔綱。趙少康的電視處女作是早期中文台的「妙論大賣場」，到了九〇年代的「新聞駭客」算是真正走紅。談話節目培養了許多名嘴主持人，資深者如李豔秋、周玉蔻等，還有于美人、鄭弘儀等。

政論節目

主題區隔了許多不同的談話節目，多年來政治評論節目大行其道。台灣人愛看熱鬧，台灣的政治提供熱鬧；台灣人愛談政治，台灣的政治每天都有新鮮事與羅生門。省籍情節、國家認同、台獨統一更是一以貫之的最大公約數，每個人都有意見，都有立場，都有話可說，都說不完。

觀諸全世界，台灣的政論節目堪稱口水量第一，大概每一個綜合台或新聞台在某一個時間點都嘗試過，有新有舊，有長壽的，也有停了又開的，前前後後加起來，可能有幾十個類似的節目。每天晚上的黃金時段，打開電視，很難避開超過十個以上的政論節目，白天的重播時間也一樣。到了選舉期間，更有一些短打節目，針對選情發言。

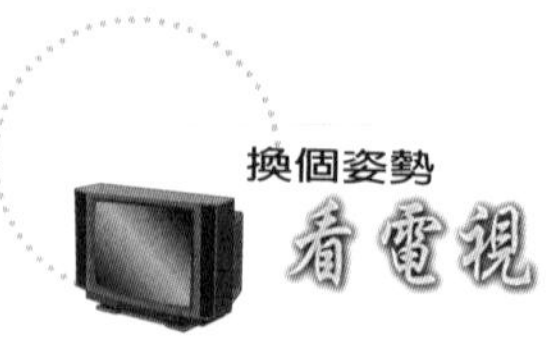

這不是電視台老闆有話要說，或有立場要支持，而是業務部發言，還說得理直氣壯很大聲，「候選人的廣告預算不能不要」。在選舉期間，不論是總統大選，或是立委選舉，或是北高市長選舉，這類節目的收視率都會上揚，是整體氛圍與話題性所致，就像強心針一樣。「2100全民開講」的感受一定最深，這麼多年來，歷經無數大小戰役，敏銳度與反應度就跟收視率一樣高。

李敖的節目，真相、東森、中天都播過，是政論節目中的異數。從頭到尾，一個人、一支筆、幾張紙，就是一個高收視的節目。就連無線電視都曾經心動，只不過虎頭蛇尾，草草收攤。別以為這個節目便宜，其他看來排場大、人多勢眾的同類節目，其全部預算可能還比不上李大師一人的費用。九十一年，雖然李敖本尊已淡出電視，不過分身「李熬」仍然現身八大電視台，可見大師的群眾魅力。

命理節目

中國人自古酷愛論命，台灣人不例外，算是全民運動。這些年，年輕一代更加熱衷，很多人都能朗朗上口一點道理，不論是星座、紫微或是塔羅。報紙、雜誌上也積極刊登相關資訊，說得頭頭是道，電視也沒漏掉。

說起來也是談話節目的一支，大大小小節目中，「命運大不同」最早，「開運鑑定團」最成功、收視最高。這個節目邀請各類命理專家與知名的特別來賓，以娛樂的包裝，結合時事，成為此類節目的樣板。九〇年代初期，僅有後發品牌「命運好好玩」堪與匹敵。

靈異節目

「遇蛇則發」是很多節目製作人的共識，尋找台灣人愛看蛇的證據，不用窮忙，看收視率即可。很多節目為了求得好彩頭，第一集常常以蛇為主角；相反地，如果有探險節目進了山洞或坑道，卻看不到蛇，那可真是遺憾。靈異的相關體裁也差不多，只不過以蛇很難長期做節目，靈異卻可以。

每隔一段時間，總會有靈異節目出現，通常還有不錯的收視成積，例如早期的「靈異邊界」，以及近期的「鬼話連篇」、「神出鬼沒」等。無線電視也與有線電視一般熱衷。早些年，「玫瑰之夜」有靈異的單元，而「台灣靈異事件」堪稱經典。近期「歡喜玉玲瓏」、「台灣風雲榜」也有著墨，而其收視也有某種程度的保障，甚至偶有超水準演出。怪力亂神的節目，全球許多國家都有，堪稱跨文化的代表作之一。不過，新聞局對這類節目管得很緊，有些節目主管為了怕麻煩，寧願放棄。

不論是鬼屋巡禮、靈異照片、被鬼附身、講鬼故事、施法降魔，靈異節目可長可久，主因是裝神弄鬼太簡單，觀眾頭腦也太簡單。而每年還有中國與西洋鬼節提供最佳氛圍，與靈異卡通從小培養觀眾。靈異卡通與暴力卡通一樣，都是電視人眼中的收視靈藥，「靈異教師神眉」、「通靈王」等，幾乎怎麼播都靈。

模擬戲劇

從「台灣變色龍」的高收視開始，台灣吹起一陣模擬劇的流行風，無線電視如此，有線電視有過之無不及。戲劇做不起，也不太會做，模擬劇似乎是最好的替代品。它的優勢在於相對廉價、製作門檻低，最重要的是收視保證，命中率特別高。台灣人好像對這種畫面配故事，或是看圖說故事的節目形式情有獨鍾。

所謂模擬劇，顧名思義是不純、不真、不正的戲劇，就像嫌疑犯重回犯罪現場模擬犯罪，也像各種消防、劫機、挾持等演習的模擬狀況一樣，都是假裝的，假裝是真的。而假裝與真實之間的距離不一，可近可遠，有如「超級變變變」的參賽隊伍，有的裝得像，有的裝得不像。又有人稱它為「類戲劇」，類似戲劇而已。

它的賣點是故事，由於不重視演技，不講究鋪陳，不礙於細節，模擬劇的節奏可以很快。不會演的情緒，用講的；不會拍的場面，也用講的；時空的變化，更可以兩句話帶過。只要故事內容引人入勝，又說得深入動聽，畫面不過是增加故事的說服力，提升刺激感而已。

它是一種退化的電視、強化的廣播。

初期，衛星有線電視的模擬劇，體裁大致不脫人性與社會的黑暗面，「台灣變態檔案」是其中的代表作。情色內容也有許多人嘗試過，例如「98情色風暴」。不過高收視也帶來高關注，新聞局對這類尺度邊緣的節目很有意見，時段及內容均抓得很緊。後來，模擬劇在體裁上日漸擴大，民俗傳奇、民間故事變成主流，製作水準上也提升不少，「戲說台灣」是元老之一，與純正戲劇的距離不遠，收視率經常保持前五名。

娛樂新聞

娛樂新聞是衛星有線電視的創舉，它由此開始，由此成勢。最早期在八〇年代初，由TVBS的「娛樂新聞」帶頭，幾個月後因收視不佳而停播。後來由當時的「傳訊電視」接棒，在已消失的大地頻道當作重點節目。這個由多主播主持的「非常娛樂」叫好但不叫座，收視率平平，不過卻引發許多電視台的靈感。一時之間，新節目爭先恐後地問世，「娛樂新聞」也在TVBS-G捲土重來，以「百變主播」為號召，競爭愈演愈烈，娛樂大戰一發不可收拾。

「娛樂新聞」後發先至，收視率第一，廣告收入也是強強滾。其他老字號的「非常娛樂」，新秀「完全娛樂」、「娛樂百分百」，苦苦直追。進入二十一世紀，收視版圖重新界定，「百分百」稱霸娛樂藝能新聞，新節目「亞洲娛樂中心」加入戰局，老字號「娛樂新聞」江河日下，「完全娛樂」則難得以男生的主持組合屢創佳績。元老傳訊中天電視換了三手老闆，外帶更名，「非常娛樂」停了又開，開了又停，氣數已盡。中天在九十一年由時報集團接手後，最新的娛樂新聞節目稱為「中天影劇版」，與母公司一樣，平面味很重。四、五個娛樂新聞節目，在晚間五點半到七點半之間，纏鬥了好多年。期間，雖然其他幾個有線、甚至無線台也有嘗試，但都比不上經營多年的老品牌。

這些年來，年輕族群的消費力大增，諸如飲料、唱片、手機、電信、運動服飾等，都對準了他們的口袋。不幸的是，這群人品牌忠誠度低，朝三暮四，人心不易打動。環顧四周，似乎也只有偶像明星是他們的最愛，是最有效的行銷工具。娛樂新聞節目以影視、音樂人物為主題，報導動態與八卦，百分百針對年輕人的偏好，自然在廣告經營上有其特殊優勢，尤其是唱片廣告，大部分的預算都落在此類節目之中。電視台也是著眼於此才有如此的競爭，各台的娛樂新聞，無不卯足了勁，在內容上挖空心思，在時段上各顯巧思，拼收視，拼業

績。八大電視更開闢夜間娛樂新聞，曾一度因報導韓劇相關資訊而風光了好一陣子。

美食節目

長久以來，台灣就有許多這類的節目，不過多雖多，卻長期被邊緣化，除了少數節目之外，收視平平，淪為公關、業務、節目廣告化的次等公民。到了八〇年代下半，終於有人想通，不再局限於烹飪、餐廳、大菜，轉而走入群眾，深入基層，以路邊小吃為介紹主軸。這個改變，使得美食節目鹹魚翻身，開始大紅大紫。

「超級美食任務」是早期的大功臣，由廣告明星以短劇串場主持，風格清新，詼諧生動，實用有趣。收視率好不用說，常有播出次日，觀眾即按圖索驥、搶吃一空的例子。店家嚐到甜頭，更有高掛紅布條做廣告，言明由某某電視台報導云云，節目與商店互相捧場，兩方得利，都很風光。這很像現代版的樂透，經銷商都會在店門標示由此地賣出的中獎彩券。「美食任務」後來還出書四冊，據說銷售不錯。

九〇年代，「台灣尚青」與「鳳中奇緣」是兩個口碑傑作，均主打地方風味小吃。其他的綜合頻道，或多或少，或早或晚，都有類似的節目，數量之多堪稱空前。台灣人愛吃小吃，台灣的小吃好吃，真有電視為憑，就連電視新聞都不能免俗，加入了介紹的行列。廣播、報紙、雜誌也都共襄盛舉，以至於店家的紅布條改成了可長可久的壓克力板，上面密密麻麻寫了一堆媒體。這股風潮雖然是由報紙啓動，卻在有線電視大發利市。

吃罷台灣，大陸也不能漏。九十一年，堪稱台灣電視中國風的元年，大量節目從不同的角度進軍大陸，當然也包括美食。「美食大三

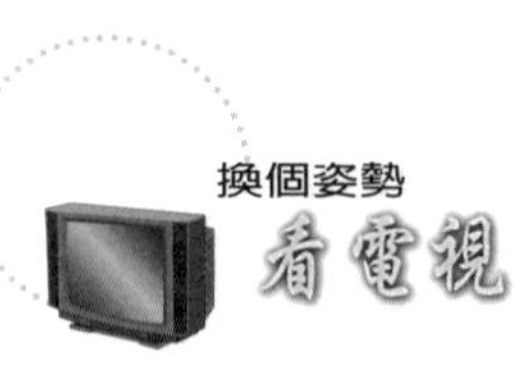

通」、「吃八千走四方」都是專門介紹中國吃的節目。看電視會流口水，吃飽了也不覺得撐。

電玩節目

台灣年輕人打電動玩具，由來已久，早期在冰果室、百貨公司，到了後來的電視遊樂器、電腦遊戲、線上遊戲，不一而足。衛視中文台最早看準電玩風，在八〇年代中期就推出專門的節目「電玩大觀園」，由台灣人製作，並購買國外影片材料，加工包裝。由於是僅此一家，別無分號，收視尚可，口碑不錯。

後來，其他電視台陸續跟進，如「電玩快打」等節目，形成寡頭競爭的局面。它們的總體收視雖然不算太高，但是以吸引年輕觀眾來說，算是卡通與娛樂新聞之外的另一捷徑。九〇年代，線上遊戲大有

斬獲，無線電視也加入電玩節目的競逐，不過因為資訊取得愈來愈容易，電玩節目又長久沒有新意，以至於退潮退燒，不成氣候。無論如何，電玩節目仍不失為有線電視所創造的特色之一。

尋奇紀錄

無線電視時代，户外節目多屬遊戲、旅遊性質，同質性高。少數其他節目又多是生態紀錄，失於沉悶。「台灣探險隊」於八十六年在有線電視走紅之後，類似的節目陸續登場，而且都有超水準的演出，像是「台灣部落尋奇」、「台灣全記錄」、「大冒險家」、「勇闖美麗島」等。無線電視除了早期廣電基金有類似的節目，九〇年代有「MIT台灣誌」。

這類節目讓電視節目製作人再次領會娛樂包裝的重要性。走一趟

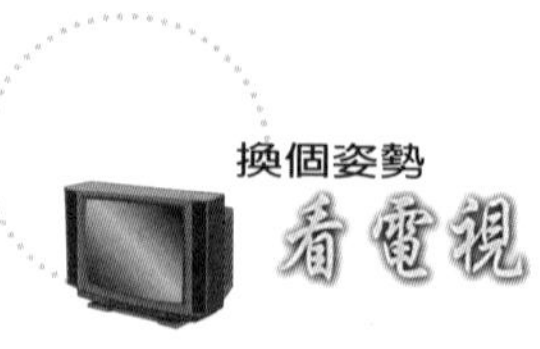

古道，雖然就是走路，但如果故事說得精彩，過程拍得驚險刺激，就會吸引觀眾。行程中如果有登山、墜谷、跨溪，那更好。尋找台灣黑熊，找不到沒關係，對空鳴槍也是新鮮，拍出辛苦也能過關。在路途中，若是遇到蛇，那就一百分，收視率絕對跑不掉。如果還能碰上有毒的動植物，不論是花草、蠍子、蜈蚣、蜘蛛等，保證不虛此行。

既然出了門，也不見得都在深山野外、天邊海角，走入人群與社會是另一條路。舉凡稀奇少見、難得接觸的人事物，都成了電視的寵兒，早期的「苦苓驚怪俱樂部」，到後來的「台灣傳奇」、「奇怪奇怪真奇怪」、「草地狀元」、「第三隻眼」等，挖掘了許多有趣的「在台灣的故事」。台灣本土意識高漲，是這類節目成功的原因之一。

以報導、尋奇、旅遊為內涵，外加娛樂、本土、紀錄為包裝，讓人重新認識台灣，雖然小歸小，卻也不得了。不過，為了區隔，為了擴大戰果，許多電視台在立足台灣之後，出走大陸，像是「在中國的故事」、「中國那麼大」、「台灣人在大陸」、「阿亮單車日記」、「走八千吃四方」等，足跡遍及窮鄉僻壤與名勝古蹟。他們是「大陸尋奇」、「八千里路雲和月」的接班人，雖然收視率有高有低，但開發新市場的企圖心一致。

股市解盤

有線頻道上了衛星之後，除了即時性的談話與新聞節目陸續登場，股市解盤堪稱氾濫。非凡最成功，由單一頻道變成頻道家族，後來還出雜誌，低成本又賺錢，是一門好生意。最特別的是，這類節目自成一格，從單純節目形成了所謂的財經頻道，全省共有七、八個。經營者把時段賣給股票投資公司，由他們自由發揮，口若懸河的解盤加上招募會員。與購物頻道類似，這類頻道有的也付錢給系統以求播出。

政治模仿

這類節目是有線電視的專利，無線電視受限於內容尺度與政治立場的考量，過去大約僅有民視在開台之初，有點滴的嘗試，由侯冠群模仿「李祖席」挑大樑，可是幾集之後草草收山，內幕傳言是有壓力。

「李祖席」後來轉戰有線電視，在當時傳訊電視大地頻道「台灣傳奇」節目中以串場主持的方式重現江湖，與其搭檔的還有由劉爾金模仿的「陳文倩」、「江澤明」等角色，兩人均頗受歡迎。後來，八大的「主席有約」更以人海戰術，發掘出更多的模仿人才與角色，其中唐從聖的「阿扁」一角最受重視。九十年，中天資訊台也請來「李祖席」

班底，重操舊業。

九十一年北高市長選舉前，「李祖席」已退休從政，選上了台北市議員，「阿扁」則又變成了「李敖」，一會兒是民進黨的總統，一會兒是新黨的前任總統候選人。而中天資訊台推出的「2100全民亂講」大行其道，眾多的角色讓人看得眼花撩亂，其模仿者的造型與表演更是令人噴飯叫絕，似乎是眾多政治本尊口水戰中的一股亂流加熱流，其中分身比較有看頭，亂講的比較有趣。可惜因為普及率與定頻率的不足，這個節目雖有極高的口碑，在收視率上仍需力爭上游。

節目編排

對於節目編排，學術研究並不多，教科書上提到這個主題，多數僅有「對抗式」與「替代式」節目編排的描述。前者指在電視台面對競爭時，以相同的節目互相抗衡。譬如說八點檔，經年以來，無線三台均以連續劇一爭長短，硬是要觀眾在戲劇中做出抉擇。後來的民視以及部分有線台，也是以同樣的邏輯運作，以至於台灣觀眾在晚間八點，大約有超過十個以上的戲劇節目可以選擇收看。這樣的節目安排，除了是電視台之間的競爭策略外，經年累月下來，也使得觀眾習慣於在這個時段收看連續劇，而電視台為了配合這個習慣，也就更加安心在晚上八點播出連續劇。

晚間八點播出連續劇，其實也是針對觀眾的生活作息。這個時間是家庭中多數人一起看電視的時間，所以節目內容必須大眾化，老少咸宜。另一方面，一天二十四小時，八點檔是電視開機率最高的時段之一，也就是潛在收視人口最多的時刻，電視台當然要推出最具吸引力、最容易培養忠實觀眾的節目，以創造長期的高收視，奪取廣告大餅。無線電視的競爭，不外乎戲劇、綜藝與新聞，而八點檔更是名副其實的生命線，上下檔的時機是節目編排一項重要的考量。政治人物講究「上台靠機會，下台靠智慧」，八點檔也差不多。九十一年，三立台灣台的「台灣霹靂火」，剛好在世界盃足球賽的空檔上線，找到一個好機會。幾年之前，全國第一的八點檔連續劇「飛龍在天」收視飆高，民視立即延長播出時間，一周七天，天天播，創了台灣電視的金氏紀錄。所以說，上下檔之間，也是用智慧創造機會。

替代性的節目編排是另一種策略，它以不同的節目型態與對手競爭，也是一種比較靈活彈性的方式。假設別人播戲，自己就在戲劇以外的節目類型中擇一而行，只要是符合該時段觀眾的組成輪廓，就可一搏。早年到現在，很多有線電視的綜合台均以此種編排方式對抗無

線，例如在九點播出連續劇，以避開八點就是明證。比較起來，第一種的對抗式，其邏輯為以強擊強，自己要比別人強；第二種的替代式則是遇強則變，避免硬碰硬。

教科書上還提過電視台本身的節目時段安排。其一是所謂的「吊橋式」，即是將較弱的節目置於兩個強勢節目中間，以拉抬中間節目的收視率。其二是所謂的「帳蓬式」，它的做法剛好相反，即是將非常強的節目，放在兩個收視較差的節目中間，以期拉抬頭尾節目的收視率。這兩種方式的背後邏輯都一樣，觀眾遇到好的節目，會從頭看到尾，「從頭看」會使觀眾提前轉到播出此節目的電台，因此可強化前一個節目的收視；「看到尾」則是在強勢節目結束後，觀眾會暫時留在播出的電台，因此可提升下一個節目的收視。

現代的收視調查工具，是以自動偵測頻道與自動記錄個人收視時

間與時長的電腦調查，受調查的觀眾在每次開始看電視時，僅需在遙控器上按下代表個人的按鈕，電腦就會自動將收視資料傳回調查公司做統計。而結束收看時，也要做同樣的動作，電腦就知道此位觀眾已經離開。數字顯示，「吊橋式」的策略確實奏效，或是單純的「前導式」也有很大的功能。相形之下，「帳蓬式」對前一個節目的拉抬效果較弱，除非是這個中柱節目非常難得一見、非常受歡迎，絕對不能錯過。而「吊橋式」對下一個節目的幫助，其實就是「前導式」。無論如何，電視台有一、兩個高收視的節目，對各方面都有好處。

不過，這個高收視的節目必須是帶狀。所有電視節目人都知道，只要有一個收視好的帶狀節目，日子就會好過很多，老闆不再釘人，業務不再刁難。由於帶狀節目是天天播，對電視台非常重要，收入、形象、口碑、知名度都可因此提升許多。新手上路，老人總會說「你只要做一個好的帶狀就可以了」，其實誰都知道這個道理，只不過知易行難。市場上這麼多的帶狀談話節目，就是因為這個顯而易見的邏輯，因為它容易成形，成本又低。相反地，塊狀節目形單影隻，滄海一粟，縱有成績，難成氣候。

台灣的有線電視頻道，從八〇年代上衛星之後，對節目編排十分敏感，因為面對無線台的強大壓力，與觀眾多年來養成的收視習慣，從那一個缺口突破重圍變得格外重要。

第一響砲聲：九點

從過去到現在，九點檔都是有線電視的生命線，原因很簡單，趁虛而入。傳統上，無線在九點前的節目，收視率太強，閩南語連續劇、遊戲綜藝、新聞、八點檔連續劇，每一個均為戰將型的節目，要與其對抗，無異以小搏大，勝算有限。另一方面，以全天候的開機率來看，每晚七到十點的三個小時，是高鋒中的頂點，扣掉前面兩小時的無線黃金節目，九點檔是最佳選擇。

策略一定，所有有線台的火力全開，精銳盡出，集中九點強打猛攻。不論是日本偶像劇與其他外購戲劇，或是政論談話節目的祖師爺「2100全民開講」，或是少數的綜藝節目，都選擇這個時段突圍。影響所及，收視習慣開始改變，九點鐘一過，就成了所謂的分眾市場，游離觀眾各憑喜好，各取所需，有線電視開始有了立足點。

延燒的戰火：十點

既然在九點建立了灘頭堡，下一個目標自然是十點，依「前導式」的節目編排邏輯，也是正確的。有別於九點戰線，十點的競爭主力多數是自製節目，早期包括TVBS、超視、衛視中文台等均為如此。回頭看去，多數有線電視具有特色的節目，均出自這個時段，一直到新世紀也不例外。當年TVBS的「王牌十點檔」與中文台的「白金十點檔」，三立的「台灣十點線」與「台灣地理雜誌」，都是十點檔競爭的痕跡與成績。

開闢新戰場：十一點

一樣的前導邏輯適用於十點，卻不合於十一點，因為時間太晚，觀眾的生活作息導致開機率下滑，大約僅有十點的八成，更比不上七到十的黃金時段。不過，還是有很多人有高度興趣經營夜間節目，想到美國的談話節目多屬夜間，且有不錯的收視率，台灣不知是否可行？「名人三溫暖」是第一個成功的例子，也延續了好幾年，不過多數電視台還是不願嘗試。直到九〇年代，十一點才頓時成了熱門時段，「新聞夜總會」、「新聞駭客」、「新聞挖挖哇」等節目陸續登場，收視率有水準以上的演出，也不出談話的老路。

新聞生力軍：六點

在主戰場打得不可開交的同時，新聞也躍躍欲試。長年以來，無線台的新聞在七點，根深柢固難以撼動，於是有線台的新聞，選擇了「替代性」的編排策略。在六點播出的邏輯，首先是避開正面交手，其次則是提早播出，搶速度、時效與卡位。

除了一般的新聞，各家的娛樂新聞也在六點粉墨登場，同時競技。這裏，有線電視彼此間的競爭策略是「對抗」，硬生生地就是要把別人擠下馬。另一方面，娛樂新聞在六點，也是為配合觀眾的生活作息與收視習慣。七點看新聞，這是全家人的功課，非做不可。七點前，大人還在忙，小孩已放學，可以讓年輕人自由一點地看電視，也就是看他們愛看的電視，包括卡通。

終極的格鬥：八點

無線三台的敗象，頭與尾都露在八點檔，前面接不起，後面挺不住。七點到十點的黃金三小時，「帳蓬」的中柱一垮，前後潰散。民視與少數的有線台，是殺手級的八點檔。硬碰硬的「對抗」仍是唯一戰略，除了早期超視的「我們一家都是人」，本土劇與港劇是比較成功的兩大戰術。

時至九〇年代，無線三台的八點檔風光不再，小老弟後來居上，民視躍登龍頭。有線電視不甘示弱，異軍突起，三立台灣台的八點檔

變成同台比劃的強勁對手。從「阿扁與阿珍」開始後的幾年間，三立的八點連續劇迭創佳績，更以「台灣阿誠」一劇，成為無線、有線、全國的收視總冠軍，全世界大概絕無僅有。

棄守的廢墟：七點

從有線電視的觀點，七點仍有待開發，無線電視目前保有絕對的優勢。這是多數有線台放棄的時段，少數有心較勁的，則是「替代」與「對抗」兼而有之。

選擇「替代」的競爭者，五花八門的節目都有，成績尚可者，多數播出卡通或一些適合年輕人的節目。但是真有競爭能力的，還是播出戲劇，不論是本土戲「烏來伯與十三姨」、「戲說台灣」，或是外來戲如「順風婦產科」，都在新聞之外走出了一條自己的路。當然也有有線台照播新聞不誤，新聞專業台全天候都是新聞，別無選擇，綜合台以新聞硬碰硬的較少，代表作應是老字號的TVBS。

重播的藝術

節目重播是衛星有線電視的常規，每天大約六小時的首播節目之外，其他都是重播的天下。白天觀眾有限，節目資源也有限，所以只拼晚間的時段，划算又有效。一般而言，有線電視的觀眾基礎較小，每一節目的收視率相對不高，重播除了可以填滿時段，也能增加每一節目的能見度，使觀眾在眾多選擇中，有更多的機會接觸到某個節目，進而養成收視習慣，所以重播也具有節目宣傳的效果。有線電視如此，現階段的無線電視也是一樣。經濟不景氣，競爭激烈，導致收入銳減，無線電視也無法像過去一樣，照顧白天的時段。九〇年代，有線與無線在非黃金時段的收視率已相差不大，所有的電視台都在重播。

除了周一到周五的白天，周末是重播的大本營，它的原因很單純，資源的再利用而已。換句話說，就是以有限的資源，集中火力。而為什麼有平時五天與周末的差別待遇？一是五天與兩天，二是帶狀與塊狀，三是生活作息不同，四是觀眾組合不同。綜合評估，打贏周一至周五的這場硬仗比較重要。

這個邏輯卻不適用於無線電視，因為傳統上無線台均在周末晚間埋伏重兵，戲劇與大型綜藝是兩位大將。以致收視率重新分配，無線電視在周末晚間六小時的收視占有率，約比平日多出三成，達到總體收視的百分之四十五左右。而周一到周五嚇嚇叫的有線電視，到了

周末卻靜悄悄。

眾多節目中，有三類在重播上特別有效果，收視率特別搶眼。第一類是電影，只要是受到觀眾歡迎的，重播總是有保障，例如「少林足球」、「ID4」、「空軍一號」等，不論播了多少次，都有不錯的收視率。看起來，觀眾在電影的選擇上，寧願再看一次好而熟悉的電影，也不願意花時間嘗試一部不見得好看的新電影。第二類是卡通，小孩子對於喜愛的卡通似乎是百看不厭。和電影一樣，寧願舊而好，也不要新而爛，「七龍珠」、「櫻桃小丸子」、「神奇寶貝」、「遊戲王」等，都是很好的例子。

第三類是連續劇，譬如劉羅鍋、康熙、雍正系列，儘管播出好幾次，還是有不錯的收視表現。很多人看連續劇，既使是忠實觀眾，也不可能每集準時收看，重播總是能填補一些收視漏洞。更何況多數連續劇均集中在八、九點播出，每齣戲撞在一起，難免有遺珠之憾，對於沒看過的觀眾來說，重播等於是首播。對曾經看過的觀眾來說，看過的好戲還是強過糟糕的新戲。

不管好看難看，不論強勢弱勢，不問重播首播，收視率是唯一的裁判。台灣的收視調查可說是各種民意調查的先驅，有好幾十年的歷史。從手動到自動，其演進的過程與節目的變化一樣精彩，而前者其實是後者的影舞者。節目隨收視率起舞，沒什麼自主性。

第四話
黑盒子與百寶箱：收視率玩什麼

收視調查由來已久，可能從電視開始經營廣告，就有人想到如何測量某一節目是否受歡迎，如何計算觀眾數量，與如何以此營利。它是觀眾的分身，商業電視的連體嬰與其廣告業務的代言人，以及對廣告主的溝通語言與貨幣。過去曾有人以「三角習題」來形容收視率與電視台、廣告客户、觀眾之間的複雜關係，就像三角戀愛一樣，令人在誠實與謊言之間奔波勞苦。

收視調查其實就是數人頭、數眼球，它的調查結果是統計數字，描述某一個頻道或節目有多少人收看。據此，電視台向廣告主推銷，出售節目之間的廣告秒數，而廣告主買到的則是人頭與眼球，與這些數字背後所可能代表的消費行為。它有點像是選舉投票，觀眾以其具體的收視行為，在眾多候選的節目中做出選擇。一般民主選舉中，有些候選人會直接落選，但在收視調查裏，節目是否出局由電視公司決

定，觀眾的投票僅發揮間接的影響力。

收視率的運用相當廣泛，除了商業銷售之外，也是電視台做節目決策的重要參考，而對商業電視台來說，可能是唯一的參考。英國的公共電視也做收視調查，有超過二十年歷史。他們相當重視數字，目的是瞭解觀眾對節目的接受度，當然，不同節目、不同頻道之間，也用數字競爭，不過不是為了金錢收入，而是自尊心。美國的商業電視更不用說，為了收視率可以拼命，因為一個百分點可能代表數百萬美金廣告收入的差別。本世紀初期，美國的CNN與Discovery一年的廣告收入高達美金三、四億，ESPN更有六、七億，高低之間均與收視率有關。台灣一年兩百多億台幣的電視廣告量，也由收視率主導。

這種數人頭的經營與銷售，不僅於電視，舉凡大眾媒體，不論平面或電子，只要是依靠商業廣告，就無法脫離數字的魔戒。尼爾森公

司（AC Nielsen）是全球商業調查的翹楚，足跡遍及一百多個國家，其中包括四十多國的電視收視調查，光在亞洲即超過十個。一九三〇年代從廣播收聽調查開始，到一九五〇年代無線電視網的收視調查，這家公司一直在美國與其他許多國家，操控收視率的生殺大權。台灣也是其中的一隻孫猴，逃不出如來佛的手掌心。

數字那裏來

尼爾森的方法是社會科學中常用的抽樣調查。在美國，它依照美國統計局的人口資料，包括年齡、性別、種族、教育、職業、收入、居住地等基本分布條件，在大概一億户的家庭中，以科學的抽樣方法，等比例選取約五千個家庭做為調查樣本。這些相當於一萬三千人的收視行為，就是全美各電視網、衛星與有線頻道每日賴以維生的收視率。

五千户相對於全美一億個家庭，其數字是否可以正確反應實況，遭到很多人質疑。其實全世界都一樣，對於樣本大小特別在意。就統計學而言，五千户所得到的數據，在抽樣誤差範圍內，它是可信的，就像一般的民意調查，只要執行方法正確，樣本可以在某種程度內描述母體。然而在多頻道的電視環境中，愈複雜的收視分析就需要愈大的樣本，這也正是該公司對於樣本太小的批評，多以逐漸加大樣本來回應。以台灣為例，自尼爾森收視調查元年開始，樣本即從五百户，逐步增加到十年後的一千八百户。在亞洲，印度是三千五百户，中國大陸三千户，南韓一千六百户，新加坡及香港均是六百户。為什麼樣本有大有小？原因除了市場規模與電視環境複雜度之外，就是成本問題。每一個樣本均是人力、金錢與設備的投資。

儘管是科學的抽樣，樣本終歸是樣本，不是母體，所以收視率始終有一些難解的謎題。在台灣，十年來樣本數成長了三倍，收視率也在成長，幾個熱門頻道的熱門節目，過去的收視率很少超過一，可是十年後，收視率前二、三十名的節目個個都超過一。這是樣本增加造成的結果？或是頻道本身的進步與觀眾收視的集中？

再說英國，二○○一年的聖誕節，調查公司更換全部五千戶樣本，造成天下大亂。技術問題使得平常習慣於次日就能看到前日收視率的電視台，足足等了兩個星期的真空，重現希區考克的懸疑。待數字公布，許多電視主管譁然，收視率竟然與過去有莫大的差異。如果樣本可以代表全部，那依科學方式所選取的每一個樣本，均應有同樣的本事。但是事實不然，不同樣本所推估的結果還是不一樣，甚至超

過抽樣誤差所允許的範圍。

此外，收視率的主要服務對象，其實不是電視台，而是廣告客户。在很多國家，調查公司會在樣本中，刻意放大某些特定族群的比例，不論是居住地區或是教育程度。為什麼？因為收視數字是為了方便客户挑選與購買廣告時段之用，廣告是為了促進消費，有購買力的觀眾才是廣告訴求的對象。所以這些放大比例的電視族群，都是購買力較強的消費族群。他們的收視行為，才是整個收視調查的焦點。因此，商業電視的觀眾有兩種，有消費潛力與能力，才是有價值的觀眾。其他的，僅是看熱鬧的觀眾而已。

遊戲還是要有遊戲規則，就像聯考不能完全測出每個學生的實力一樣，但只要公平，就還可以接受。對於收視率高的電視台來說，有既得利益，更不用去質疑遊戲規則。況且，收視調查有一定程度的準

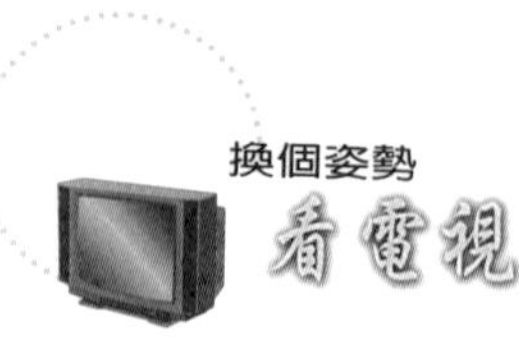

確性，相對數字的高低有參考價值，長期趨勢的可信度更高，但卻不能像算術一樣，把收視率當做是絕對的數字來加減乘除。可惜的是，所有現代的廣告行銷科學，都用收視率打算盤，把「抽樣」當做「一樣」。這個遊戲是數字遊戲。

個人收視記錄器

有了樣本，還要會問問題、得到答案、記錄答案，才算大功告成。早期流行的是電話訪問與手寫日誌，前者以電話簿的號碼為母體，選取其中的部分，經由電話訪問得到收視資料。早期，電話的普及率是一個問題，擁有電話者的社經背景也是問題，它的代表性因此存疑。另外，這種方式僅能訪問最基本的答案，像是有沒有看電視、看那一個節目或頻道等等，不能有深入的個人收視細節，例如收看時間的長短。它也不適合複雜的多頻道電視環境，很多人叫不出正在收看那一台的那一個節目。

日誌式是改良品種，由電視觀眾填寫詳細的收視資料後，每周送回調查公司做統計。它還是有很多問題，填寫資料的正確性是其中關鍵。沒有人會邊看電視邊填日誌，絕大多數都是一周填一次，而很少人會記得數天前看什麼電視節目，更別說通常是媽媽代替全家人填寫。

個人收視記錄器是目前的主流，大約在一九八〇年代問世。初期，調查公司採雙軌制，即是與日誌並用，並曾遭受來自電視台的重大阻力。原因很簡單，新的收視率與過去相比不一樣。所以有的反對，有的贊成，前者當然是收視率變低的電視台。不過一段時間後，情況回穩，新的方法看來也更精準確實，這才形成共識。

記錄器最大的特點是自動化，觀眾僅需在收視開始與結束的時間點，按下屬於自己專有的按鍵，其他一切全自動，包括偵測頻道與節目的變換。這種科技，配合在選樣時即收集完成的個人細節，如年齡、性別、教育、收入等，就可透過每晚由電話線路回收的收視資料，經過電腦統計，在第二天把收視率及相關資訊，傳送給電視台、廣告代理商、媒體購買中心等不同的訂戶。每天的收視率競爭，在台灣大約是早上十點收到資料開始，周休二日，星期一看前三天的。密密麻麻的數字中，有人找到成就感，有人鬆一口氣，有人會被叫到老闆辦公室。

到十全十美還有一段距離，它的問題在於接受調查的樣本觀眾。人有墮性、有忘性，看時忘了按、走時忘了關都是問題。打瞌睡三分鐘，上廁所五分鐘，接電話十分鐘，有多少人會老實地又開又關。一開始也許有新鮮感，照表操課，可是時間久了，配合度自然降低，所以樣本的汰換率是很重要的操作規則。

這可能還是小問題，無傷大雅，更嚴重的是樣本的結構性偏差。舉個例子，電視上的call in節目，許多人會習慣性打電話進去，有些人卻從來不曾動過打電話的念頭。兩種人之間，除了社經地位可能有所不同，會不會在某些深層個性上也有差異。

同樣地，有些人願意成為收視率調查的樣本，把自己單純看電視的行為變得複雜些，也願意將自己的收視偏好與習慣供全世界分析研究，更願意因此享有決定收視率的大權。可是相對地，有些人根本不願意有外人進入自己的家門，更別說進來裝上個人收視記錄器。嫌麻煩、保護隱私、不貪小惠等，都是理由。在電視的選擇上，不知道這兩種人之間有沒有差別？尋找願意參與調查的家庭是一件麻煩事，會吃很多閉門羹，建立一個樣本户之後再換也很傷腦筋。雖然調查公司在固定時間會更換一定比例的樣本，但是多數還是老樣本。茫茫人海中，很難找到的這一小群人，又甘心長期配合的樣本人口，有沒有結構性的與眾不同呢？

台灣的收視調查

早期的台灣，有兩家較具規模的收視調查公司，潤利與紅木，前者目前仍然活躍，每日提供台灣電視台節目與廣告的監看記錄，後者則靜悄悄，可能已退出市場。從當年到現在，潤利所採用的調查方式是電訪，有效樣本約在兩百至三百之間，提供大台北地區每晚黃金時段的收視率，但是由於電訪的缺失以及僅有大台北的資料，所以在業界的接受與使用度很低。電訪的方式與大台北的區域限制，大約均是成本的考量。

相反地，紅木則是採用日誌式，提供的收視率較詳細，所以是廣告圈使用的基本資料。由於是兩家並存的雙軌調查，過去常有幾家電視台各說各話，均宣稱收視率第一，原因很簡單，因為大家所根據的資料來源不同，分析的族群也不同。

八〇年代初期，聯亞公司引進個人收視記錄器，因為它的相對準確性，所以逐漸獲得市場的認同，直至九十一年都是收視率的唯一提供者，獨占了好多年。期間雖然有競爭者揚言要進入市場，不過多是雷聲大雨點小，沒什麼成績。聯亞後來被尼爾森併購，成為全球收視調查的一環。而籌備三年後，第一家使用個人收視記錄器的本土收視調查公司，在九十一年底問世，股東包括四家商業無線電視台、好幾家廣播電台，以及日本及本地的收視調查公司。這家名為「廣電人」的調查公司，採用日本科技，預計初期有一千兩百戶的樣本規模。聽起來，獨門生意終於有了競爭，可是事實上，將來恐怕會更混亂，各說各話的日子又要來臨。這家新公司的加入，是為了分一杯羹，還是想透過不同的操作方式以導正收視率的競爭文化，目前不得而知，但是有點變化與競爭總是好事。

多年來，台灣收視調查最令人詬病的是樣本的規模。早期的五百戶，大約兩千人，實在不足以正確描述台灣複雜的電視環境。這麼多的頻道，如果還要進行交叉分析，每一細項內僅有個位數的樣本人口，統計上根本不具任何代表意義。樣本的逐漸擴大，是尼爾森公司的回應，目前的一千八百户夠不夠，很難說，統計上說得過去，大家

使用起來也沒有太多怨言。樣本的多寡，代表成本的高低，不論是記錄器的成本，或是網羅與維護樣本的開銷等，都要花錢，所以調查公司才會在擴大樣本上特別保守與謹慎。

九〇年代，收視率調查樣本最多的地區是南部及台東，約占整體的百分之三十。其次在大台北，也接近三成。再其次是中部與花蓮地區，約是兩成半。最少的是除了大台北之外的北部地區與宜蘭。這與政府所公布的統計數字相當接近。

以年齡來看，樣本中代表最多的是三十五至四十四歲的族群，約占百分之二十一，高於政府的人口分布統計，原因應是他們身為消費主力，有助於廣告上的判斷。相對地，六十五歲以上銀髮族的比例則低於社會實況，原因也是消費能力。廣告其實是收視率的終極使用者，節目是階段性的白手套。

依據調查公司所公開的資料，台灣約有六十幾個無線與有線電視台加入了收視調查的隊伍，所有的無線電視、公共電視、主流頻道、頻道家族、大部分的外商頻道都在其列。如果以全國八十個頻道來算，共襄盛舉的程度大概是八成，而它們的收視率總和，卻占所有收視率的百分之九十五以上，顯示不參與以及不公開收視調查的電視台，一是收視偏低，二是低到有自知之明，三是不需要以收視率競爭。保守估計，每個頻道每月付給調查公司二十萬，總計有千萬以上的收入，這還不包括廣告代理商、媒體購買中心等。比較起來，獨門生意的投資報酬率應該超過全國收視冠軍的收視率。

除了多如牛毛的收視數字，調查公司還提供每天熱門節目的排行榜，從開始的前二十名，中期的四十名，八〇年代後期已變成前八十名。增加是為了回應電視台的要求，因為在每天約兩千個節目中，能上榜是無上的光榮與肯定，多一些名額，大家都比較有面子。每天的收視率競爭，如果能擠進前十名非常不容易，前三名更是不得了。要是第一名，那就是全國收視總冠軍，開香檳、切蛋糕等形式上的慶功宣傳，都比不上製作人與電視台的得意。有些電視台甚至可以包辦前十名，老闆肯定是笑在心裏。兩張排行榜，一張是無線加有線，即所有的電視台，一張是有線專用，可以看出幾個故事。

首先，為了爭取更多進榜的機會，一個完整的節目會切割成兩、三段，如果它有高收視率，一個節目變成三個進榜，前八十名的占有率自然倍增。有些電視台每天統計進榜的節目數，一為內部激勵，二為對外宣傳。其次，以榜上常客的節目來看，台灣本土的頻道家族最具優勢，有線電視包括三立、八大、TVBS、東森等，幾乎囊括前八十名的絕大多數。第三，在所有電視節目的排行榜上，擠入了愈來愈多的有線電視節目。每天的前八十名，大約四分之一是有線電視的作品，顯示無線電視的絕對優勢已不存在。第四，過去在三台時代，或許是調查方式的問題，也許是沒有競爭對手，無線電視的收視率可飆高到百分之三十至五十，不過這些年，除了少數連續劇如無線的「飛龍在天」與有線的「台灣阿誠」，兩位數已是稀有動物。第五，不論有線或無線的電視台，均製作愈來愈多的一分鐘短版節目，安插在熱門節目的中間或前後播出，以期挾帶進榜。這是面子問題，為的是增加排行榜的占有率，有些也為了向該節目的贊助廠商交待。

最後，有線電視的熱門節目多出自大眾化、觀眾極大化的綜合台，例如九〇年代的三立台灣台，穩居全國收視的冠軍。個別節目則以戲劇、新聞、談話、卡通為主，加上少數的户外與歌唱節目。其他的節目類型，除非有強力賣點，如世界盃足球、職棒或職撞的重大比賽等，少有進榜的機會。大眾與分眾之間，似乎勝負已判。

排行榜是電視必爭之地，是濫用收視率的主角。大家為了進榜，無所不用其極，節目切割與一分鐘節目即是明證。原本有抽樣誤差的相對數字，閉著眼當作絕對數字使用，只要收視率高出0.01就可以高一名，完全不考慮統計上的解釋。電視節目的競爭被瑣碎化，觀眾被數字化，成為小數點的俘虜。曾有電視台的高級主管公開痛批收視率所造成的惡質電視競爭，不過這家電視台並未因此變得理性，完整的節目照樣分段，一分鐘的迷你節目也照做不誤。或許是電視江湖的同化力太強，唱高調簡單，要免俗很難。

數字準不準

這個問題很難回答，多數的電視人已經不再追問，也不再苦想答案。全台灣只有一套獨家的數據，沒有選擇，沒有比較，用久了也習慣了。事實上，有再多的質疑，也是狗吠火車，還會被嫌小家子氣。說準不準，收視率高的電視台，一定說有努力才有收穫，收視不高的，說什麼也沒人聽。

所以它到底準不準？如果是是非題，拒答；如果是選擇題，某種程度是準；如果是申論題，真的不想回答；如果是簡答題，那就可以試試。

對於收視率高的節目，數字應該沒錯，因為街頭巷尾、路邊的商店、檳榔攤、大樓管理員都在看，碰到親戚朋友還多少可以聊兩句。所以出外走路時用心看，就可以看到收視率。打開電視認真看，這些高收視的節目一定有它的賣點，明眼人應該可以看出端倪，經驗是有用的。譬如「遇蛇則發」的理論，過去的收視率證明觀眾愛看，所以只要有蛇的節目，數字都不錯，這表示數字準，有長期的趨勢資料可以佐證。看看每天的節目排行榜，上榜的都有某種道理。另一方面，收視率低的節目也準，因為一看就知道製作上有問題，或是不夠大眾化，或是娛樂性偏低，或是普及率與頻道位置出現漏洞。因此從大眾品味的標準而言，收視率有其準確性。

換句話說，收視率的樣本户是大眾品味的代表。這是大膽的假設，意思指的是樣本户中缺乏其他品味的代表性。身為樣本户，其實有些不方便，有些麻煩，他們之所以願意成為樣本，一定有特定的原

因與誘因。如果多數人不願意，那麼有人願意就使得這群人變得很特別。再大膽假設，樣本中應該缺乏金字塔頂端的族群，這群人在看什麼電視，沒有人知道。也許他們看的節目與一般老百姓相同，也許很不一樣，還是沒有人知道。樣本的真實身分是調查公司的最高機密，他們是收視率的「黑眼睛」，因為他們不能曝光。全台灣一千八百個家庭樣本户，接近七千人，生活周圍好像沒有碰到過。如果碰到，千萬別放走，問問他們就可以知道收視率準不準。

黃金時段

自有電視已來，大概就有所謂的黃金時段，它指的是觀眾數量最多的時候，當然也是電視台最容易賺錢、廣告客户最想搶進的時候。

所以稱它為黃金時段，比英文prime time來得傳神。雖然收視率主要是商業用語，是觀眾、電視台、廣告主之間的共通語言，但在其中也能解讀出一般觀眾的收視習性。電視台時段與節目的安排，配合觀眾的組成輪廓與生活作息，互相影響，互為因果。長久下來，電視變成時鐘，時間則可用收視率來界定，所以美國的電視人就把一天分為幾個所謂的「時區」（day part），收視率的高低大有不同。

台灣電視的黃金三小時是每晚的七到十點，一周七天，無線與有線均是如此，其觀眾的數量是全天候的最高峰。這明顯與生活作息與節目安排有關，也就是在潛在觀眾最多的時候，用最強的節目，爭取最高的收視率與相隨而來的廣告。次高的時區則比較複雜，無線與有線有差別，平日與周末也不同，不過以整體電視而言，它大約是晚上的六至七點，以及十至十二點。加上黃金時區，整個晚上六小時，吃掉了一半以上的全天收視率。值得注意的是，無線電視縱然有黃金三小時，但是九到十點的最後一小時已流失大量觀眾，這是因為有線電視的威力與吸引力，還好到了周末的兩天情勢稍有好轉。所以九點以後，台灣才算真正地進入了分眾市場，分散到有線電視之眾。

黃金時段之後，從深夜到白天，收視率最高的時區是正午開始的兩個小時，不用說這是休息時間，看電視是合理的選擇，也是電視台刻意經營的時區。但是觀眾的主力卻與晚間完全不同，它由生活上可以留在家中的人口組成，主要包括銀髮族、家庭主婦及小孩。其實在失業率高漲的時候，可能還有失業人口，不確定白天的收視率是否因此增加。另一方面，收視調查僅止於家庭，不跨足營業場所或辦公室，而這也是被人質疑的缺點之一，像是音樂、運動及電影頻道，經常在大眾商業場合播出與收看，但是卻沒有列入收視率的統計。新聞與戲劇是這個時區的收視主流，到了暑假期間，卡通也變成焦點。

像電影一樣，暑假是旺季，各家電視台無不全力以赴，以吸引額外的學生觀眾與商品廣告熱季。平均而言，暑假比平時大約成長一成五的觀眾，全天候所有時區雨露均霑，都占到便宜。不過增加幅度最高的，不是原本就熱門的時區，而是冷門的白天。早上九點到中午十二點，下午兩點到五點，收視率最高可成長三成，其來源與其說是特殊的節目安排，倒不如說是自然現象，白賺的收視率是空閒時間的恩賜。卡通當然是暑假的大熱門，平時無法上榜的都會在這個時候出頭。如果說電視台在暑假的白天有任何動作，大概就是增加卡通。

比較起來，早睡早起一定不是為了看電視，但是晚睡熬夜卻有可能在看電視。一般而言，很多電視台都會在半夜十二點重播當日該台最具賣點的節目，因為這是重播的第一個時段，而且時間雖晚也不會太晚，夜貓一族有可能才剛回家。九〇年代，三立台灣台是最會利用這個時段的電視台，它的八點檔連續劇重播，經常是該時段的收視冠軍，在排行榜上也名列前茅。台灣長久以來並未認真經營深夜時段，除了錄影重播，就剩下幾個苦命的新聞主播，陪著觀眾熬夜、吃宵夜，直到清晨一、兩點。

通路也有收視率

除了在一千八百個家庭，與位在台北的收視率統計中心，以及各電視台的總部，收視率也在全省的有線電視系統開打，打的是普及率與播出率，打的是頻道位置。普及率與播出率是有線電視特有的競爭，無線電視因為由電波傳送，以及法律上的保障播出，所以沒有這

方面的煩惱。

普及率與播出率其實應該相同，代表的是頻道在系統的播出比率，只不過在台灣扭曲的頻道購買方式，常常變出了兩個不同的數字。目前頻道銷售的做法是聯賣，即系統以一筆金額購進一組頻道，通常有幾十個。系統業者不能從中挑選單買，更不能全部不買，因為這一大組頻道包括了市場上所有的主流頻道，而聯賣的意義就在於利用主流以挾帶非主流。一些次要的頻道，或是一些系統覺得不需要的頻道，就在如此的情況下，半推半就地被賣進了系統通路。

買進來如果播出，就是單純普及率的計算。市場上的主流頻道多是搶手貨，系統一定播出，所以它們的普及率最少都在百分之九十五以上。對於其他矇混過關的頻道，系統則不一定播出，主因是頻寬有限，他們必須善用被主流頻道霸占後的剩餘空間。既然有好多個這種次要的頻道，想要擠進門檻，除了內容要好、要能符合當地觀眾的需求，是否能讓系統業者獲利是更重要的考量，人情也是關鍵。

購物頻道是系統的利潤來源之一，它們付費給系統以換取播出，因此對系統來說，如果將次要頻道的空間讓出來，就會有實質的收入。何況關掉部分次要的頻道也不算浪費，因為聯賣的制度使然，不買也不會省錢，反正是相同的一筆金額。其他還有一些不在聯賣範圍內的小頻道，也願意付出「上架費」以求播出。正因為有些系統不播出部分買來的頻道節目，所以才會有播出率的名辭產生。買來的頻道不播，好比新衣服不穿，看著衣櫃或許有某種收藏的成就感，可是對關機的頻道大約只有用嗤之以鼻來形容。

收視率與播出率息息相關，有高的普及與播出率，才有高收視率的可能，這就是為什麼收視調查公司每個月都會提供各頻道的普及數

字。不過他們的數據並不能代表全面的情況，因為它的統計依據是樣本户的所在系統，不是全省所有的系統。至於低播出率的頻道，節目內容再好、再突出、再有特色，也不會有好的收視率。錦衣夜行，看不見就沒辦法。

播出之外，頻道的位置對收視率也有影響。一般而言，系統對頻道位置的排列，除了將無線電視依其頻譜的固定位置播出，通常將主流頻道放在二十至五十之間，其後多是一些相對分眾的電視台，而愈後面愈是群眾基礎較小的頻道。觀眾拿起選台器，多數是由無線與主流有線開始瀏覽，每一個頻道都是攔截點，都會留住一部分的觀眾。所以就機率來說，愈到後段，潛在觀眾愈少，收視率飆高的機會愈低，除非有特殊賣點。

另一方面，以音像品質來看，位置愈後面，訊號愈弱，收視愈不利與不易，甚至有些特定位置還會受到區域性的電波干擾。所以頻道業者都想搶個好位子，讓觀眾看得方便，也看得清楚。過去曾有許多例子，頻道從前段被挪到後段，收視率即應聲下滑，一敗塗地。現在多數系統的頻道安排，均以屬性為準，做群組式的編排，如國片、綜合、新聞、運動、兒童、音樂等區塊，但是仔細看看仍會發現一些特例，至於為什麼就非常耐人尋味了，背後一定有故事。過去十年間，超視、TVBS-G、ESPN等都有這類經驗。

收視率與廣告

廣告購買上的「每收視點平均成本」（CPRP），是收視率的極致運用，它讓電視台傷透腦筋，也是大客户談判議價的殺手工具。簡單地

說，針對某一特定的觀眾族群，廣告客户與電視台協議一筆特定預算，後者在一定期間內播出客户的廣告影片，並保證該廣告播出的總和收視率。所謂「每收視點平均成本」指的是平均每一點廣告收視率的價錢。一筆固定的廣告預算，除以保證的收視率，就是平均成本。在此，保證是電視台最怕的，因為如果沒有達成收視率的預定目標，分子變小，平均成本就會升高。對此，客户可能不付錢，或者依達成率支付等比例的費用。可是為什麼會達不到目標呢？很簡單，收視率太低。

收視率的計算以一分鐘為最小單位，節目如此，廣告的收視率也是。一般而言，夾在節目中間或前後的廣告，其收視率會比節目來得低，因為現代的觀眾很會轉台。收視率高的節目還好，廣告收視率仍會維持一定的水準，要是碰到低收視的節目，中間的廣告收視常常是低到不能再低，甚至是零也不意外。如果廣告的收視率是零，對客户

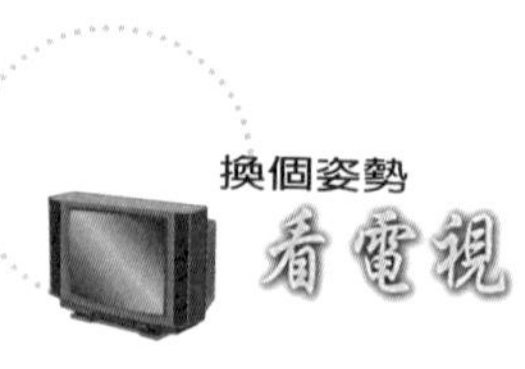

來說等於沒有播，因為數字上顯示沒有人看到。對電視台來說，客戶不買單，電視台收不到錢，播了等於沒播。

更可怕的是，這些播出但收不到錢的廣告，實際上仍霸占了廣告時間。這些時間過了就沒了，追不回來，而且被占據了之後，也不能賣給別人。所以有些電視台表面上看起來廣告滿檔，口袋裏應是麥克麥克，實際上都可能是賠錢，因為次日公布的廣告收視率都是鴨蛋。有的時候，也可以看到某支廣告的播出頻率高到離譜，這多半是電視台在碰機會、補收視率。補到當然很好，若是補不到當初保證的數字，客戶會懊惱，老闆會跳腳，節目部會被檢討。

從前一世紀到這一世紀，每家有線電視台或多或少都做過CPRP的生意，有些可高達營業額的一半以上。猜想起來，收視高的電視台應該做得比較多，因為容易達到保證的目標，但是事實上，卻是收視低的反倒做得多。收視高的姿態高，可以拒絕這種有可能是做白工、收不到錢的虧本生意，改以傳統的單檔計價，不保證收視率。相對地，收視低的頻道很難搶到生意，只好來者不拒，照單全收。這種頻道，每個月排了也播了好多廣告，業務單位也會據此宣稱廣告收入的金額，可是到了月底，實際成績可能打折再打折，因為補不到保證的收視率。

電視圈對此很有反感，把抽樣的推估數字，當作絕對的真實數字來使用，就是CPRP的惡質做法。收視率是零，可以代表收視人口少，但不能說真的是鴨蛋，連一位觀眾都沒有，所以播了收不到錢，說不過去。另外，為了達到保證的收視率，電視業務在排廣告上也傷腦筋，因為排少了會錯過目標，排多了又划不來，白送之外，還占據了本來可以賣給別人的廣告時間。取捨之間，也是一種學問與藝術。

第五話

錢從哪裏來：熱門的電視行銷

　　台灣電視頻道的主要營利方式，不外乎廣告與系統的授權收入。除了少數的電視台不經營廣告，如HBO、CINEMAX等，絕大多數的頻道均暴露在嚴格的競爭之下，分食每年約一百六十億的廣告預算。同樣地，除了少數頻道採取免費播出的行銷策略，如民視新聞台，多數的電視台也在全省各區的六十家有線系統，爭食一年大約八十億的節目授權收入。

價格戰

　　有線電視系統既是通路，也是收入。八十億相較於一百六十億，餅小了許多，競爭頻道的數目卻相似，場面當然激烈。如果有線電視系統每月從訂户收取五百元的收視費，大約接近一半用來購買節目與頻道，開銷之高，不論任何人來經營都會在頻道的取捨上大費心機。更何況政府對系統的收費上限有嚴格的限制，在收入無法增加的情形下，如何降低成本，尤其是花費高昂的節目成本，自然不可輕忽。

過去，頻道商還是單打獨鬥的時候，頻道的競爭很多元，每一區的情況也不相同。由於每一個頻道都要收費，系統業者除了要顧及人情與人脈之外，也比較品質，更考慮價格。在相同屬性類別內的眾多頻道，系統通常僅選購其中的一部分，而如果一切條件均等，購買的第一選擇就是第一品牌。可是事實上，價格與人為因素卻常常是關鍵，其中最常上演的戲碼，就是由於價格談不攏而導致的斷訊，局部與全面兼而有之，例如早期HBO的停播，以及東森與和信的相互抵制。從過去到現在，及可預見的未來，每年總會有一些戰役，只不過火力程度不同。九十一年年底，最新的單兵搏鬥是ESPN與STAR

Sports的系統銷售，新聞局、公交會、美國在台協會等都被拖下水。

八〇年代下半，頻道商單打獨鬥的日子結束，代表和信、東森與木喬的「三合一」粉墨登場。它是有線電視市場重要的轉折點，自此頻道業者的結盟趨近於完全的水平整合，系統與頻道的垂直整合也愈來愈緊密，整個產業的遊戲規則與主導人物愈來愈清晰。水平與垂直整合的主角都是少數幾個大業者，他們的版圖幾乎就是台灣的地圖。

從頻道來看，七、八個頻道公司，代表了超過六十個自營與代理發行的頻道，幾乎囊括所有的主流與強勢頻道。它們步調一致，合作聯賣，一個價錢，六十個頻道一次售出。從系統來看，透過併購與換股，一區數家慢慢變成了一區一家，大集團各有勢力範圍，他們統一購買節目，一筆花費，一次購足。

儘管交易單純化，但是頻道賣到系統的價格，仍然造成台灣有線

電視市場的緊繃，主因是牽涉的利益太複雜。不過價格的基本算法並不複雜，過程大概是由各家頻道集團，就其所轄的頻道對居中的操盤手報價，彙整之後大家協商談判，而最後的實際售價多是當初報價的六、七折，當然其中有人滿意，有人不滿意。以九〇年代初期為例，總合的單價約是每戶每月兩百四十元以內，其中每個頻道公司所分到的有多有少，視頻道的數量多寡、節目強弱，與系統方面的掌控程度。如果系統聯營者也是頻道經營者，分帳的談判自然比較強勢。

最大最強的頻道公司，代表二十個左右的頻道，在兩百四十元之中，約可分到六、七十元。次級的頻道公司有十幾個頻道，約分到五十元出頭。再來是七、八個頻道的公司，分到四十元左右。表面上拿得多的，私底下要分帳的頻道也多，有的是自營的頻道，有的是代理別人的頻道，收回來的錢如何拆帳也是學問。個別強勢的主流頻道，每户每月單價可以超過十元，較弱勢的頻道也可能僅僅分到一塊錢。還有不收費的頻道，只求播出即可。

這種價差與美國的情形類似，像是CNN的副頻道/Headline News只要幾分錢美金，其他貴的頻道也有一户幾毛錢的價格，甚至一塊錢美金。九十一年的台灣，收視率是新引進的分帳指標，高收視的頻道自認為對系統的營運有功，是系統招攬與維繫收視户的利器，所以要求提高分帳金額。對頻道商來說，系統的授權收入沒有機會成本，既然已從衛星下傳，多一個系統、多一户收看，不需要任何額外的成本與費用，所以多收的錢都是百分百白賺。

每户每月的單價決定後，接下來就是户數的認定，也就是個別系統的收視户數，以及加總後的整體市場户數。前者代表每一個系統購買頻道的節目成本，後者則是頻道商在台灣市場的授權總收入。九〇年代初期，台灣有線電視頻道的計價户數在兩百八十萬至三百萬户之間，這是從實際户數打折後的結果。算起來，台灣頻道市場的授權價值，若以每户每月兩百四十元計，乘上三百萬户，一年約是八十億，是有線電視廣告收入的一半。眾多的頻道公司中，最大的贏家每月收入接近兩億，約是總體市場的三成。第二與第三名也分別超過一億，合起來前三名的市場占有率是六成。

八十億是頻道商的收入，相對地也是有線系統的節目成本。一個十萬户的系統，每月要付出兩千多萬買節目，多系統聯營公司有六、七十萬的户數，節目負擔當然倍數增加。若以頻道商的統計數字為準，全台灣實際的有線電視户約為三百五十萬，每户每月的收費平均以五百元計，一年可收入約兩百多億，其中接近四成落進了頻道公司的口袋。

相對地，若以一般民間調查數據為本，台灣的有線電視普及率超過八成，是亞洲第一，相當於五百萬戶。兩個數字的差距，緣自系統業者以多報少，除了帳面的考量外，也與無法列入計算的偷接戶或私接戶有關。大樓戶如何計算也是個問題。偷接戶的比例，從一成五到三成，都有人估計，事實真相如何，每個地區不一樣，也沒有人確實知道。從五百萬到三百五十萬，到兩百八十萬，就知道市場有多複雜，連大小規模都搞不清楚，還要故弄玄虛。

在有線系統的節目選購上，因為少有新貨色，多是舊產品，價格仍是最重要的談判焦點，其他產品、定位與宣傳均是次要的思維。或許通路仍然有其學問，包括頻道位置、廣告插播蓋台等，但比較起其他商品，有線電視的通路很單純，除了地方系統之外，沒有第二條路。且在多數區域，一區也只有一家系統，大盤、中盤、零售都是相同的業者。而頻道業者既已結盟，以水平整合對抗單一通路的現在，系統與頻道互相都沒有什麼選擇，通路名副其實，一路暢通。水平與垂直整合兼而有之、雨露均霑的大公司，錢從系統流到頻道，再回到兩樣通吃的大老闆。這大約只是左右口袋之分，深淺大小有異，但都是自己的口袋。

收到錢之後，普及率的極大化是頻道業者的第二個努力目標。在台灣，個別頻道的普及率從四成到百分百都有。前者代表在系統推廣上受到重挫，如九〇年代初期Discovery頻道的副牌「動物星球」(Animal Planet)，後者則多為主流強勢頻道，或是集團公司的頻道家族。一般來說，八成的普及率是頻道業者經營廣告的門檻，而失去的兩成絕不能落在像是台北的都會區。在美國，有線電視加上直播衛星，合計的普及率約為九成，也就是接近九千萬户的用户。其全國性

廣告的門檻是七千萬戶，相當於百分百的有線普及率，在二〇〇二年有三十四個具有如此規模的有線頻道。八千萬戶是另一個分水嶺，幾乎可與無線電視同台較勁。

賣什麼膏藥

價格除了是人為操作的結果，也與產品本身的價值有關，因此每一個電視台都會為其頻道的定位大費心機。七、八十個頻道，如何脫穎而出，有賣點，有商機，有吸引觀眾、廣告主與系統業者的特色，是頻道經營的關鍵。

通常的第一個問題是頻道屬性。電視是大眾媒體，有線電視卻似乎具有分眾的個性。有些人以觀眾來分，可有兒童、婦女、上班族等的區隔；若以節目內容來分，可有電影、卡通、運動、新聞、戲劇等的差異。無論如何分類，都要尋找一個市場的切入點。事實證明，大家的眼光差不多，都選擇了所謂的綜合台，顧名思義就是包含所有節目類型的綜合體。台灣這項發展並不意外，因為國外有先例，熱門的程度也差不多。綜合頻道的進入障礙最低，只要不碰新聞，什麼節目都可以嘗試，不需要拘泥於節目類型與目標觀眾，只需要追求極大化的收視率。對於具備新聞頻道的電視台，加入幾節新聞也是輕而易舉。有了收視率，就有廣告潛力，不分男女老幼，都是綜合台的隱藏觀眾，包含各式廣告主想要觸及的消費者。

因此，台灣的八十個頻道中，綜合台是最大的族群，算算至少有十幾個，大家的節目走向差不多，以相同的策略硬碰硬。它們是台灣有線電視的當紅炸子雞，擁有收視率與招攬廣告的絕對優勢，就連在系統的播出頻段上，也在最方便的位置，從二十幾到五十以內。身為台灣有線電視的主流與主力，綜合台多年來屹立不搖，不論是新加入的本土頻道，或是急於轉型的舊頻道，也大多以綜合台為典範。在美國，綜合台是超過一百個基本頻道、或稱有線電視網（cable network）之中的優等生，以二〇〇一年的資料為準，在普及超過六千萬戶的二十幾個頻道中，大約四分之一是綜合台。它們也是收視率的常勝軍，多年來都是排行榜上的前十名。二〇〇二年的第一季，以女性為主要目標的綜合台Lifetime更是收視冠軍。

女性綜合台收視第一，可見綜合台人人會做，巧妙並不相同。台灣過去有Her TV，也就是中天娛樂台的前身，可是短時間即草草收場。多年來，台灣眾多的綜合台中，本土路線最吃香，收視率最傲人，由綜藝台轉型的三立台灣台是模範生。由單純的綜藝娛樂，延伸

到本土的戲劇與戶外節目，再加上新聞，它是標準的綜合台，也是台灣有線電視的收視冠軍。如此的產品定位，口號是「台灣人的電視台」，符合整體台灣社會的發展趨勢，其他有線電視台雖然在部分節目或整體定位上也陸續跟進，但在氣勢與歷史上略遜一籌，以致整體的收視率始終落後。九十一年五月的一項調查顯示，三立台灣台的知名度高達百分之九十五。相同的故事也在無線電視上演，雖然老三台偶有本土佳績，卻無法與原汁原味的民視抗衡。本土化的壽命有多長？最起碼到九〇年代初期還是很健康，經營者也愈來愈有心得與自信。

本土風其實歷史悠久，只不過早期的涵義不太一樣。最早，在台灣市場喊出本土化口號的是外商頻道，其中的佼佼者是衛視中文台。當時它的意義是反轉全球化，對抗華人化，它的目標是融入台灣觀眾的收視偏好與習慣，而非現在的台語化，或是台灣化。本土化對外商來說，是一大進步；對本地公司來說，是認清市場結構。

以衛視旗下的中文台為例，一開始它的定位是全亞洲的華人電視，尤其是金字塔頂端的華人。八〇年代初期開播時，他們的假設是，有能力接收衛星電視者多是社會的中上層人士，因為只有他們有錢。而全亞洲的華人，只有台灣與大陸而已。所以剛開始的時候，中文台只有一套節目，針對兩岸的觀眾。可想而知，假以時日就知道行不通。當時，它的招牌節目「雞蛋碰石頭」深受大陸觀眾喜愛，在台灣卻已日暮西山。堅持了一、兩年，台灣觀眾硬是不捧場，最後終於放棄，導致中文台在八〇年代中期一分為二，中文台針對台灣，新成立的鳳凰台針對大陸，完全放棄兩岸通吃的邏輯。分家之後，兩個頻道在當地市場均發展得不錯。

這條路是許多境外頻道的共同經驗，他們初期多以為可以「整廠

移植」，以原裝外國節目打入台灣市場，因為這是成本最低的方式，也能為台灣觀眾打開一扇世界之窗，不過最後都得不到正面的市場回應。台灣的國際化真的只是口號，本土化才是事實。ESPN轉播台灣大聯盟的職棒，迪士尼參與台灣教師節的活動，MTV音樂頻道大量播出國語音樂錄影帶，Discovery以國語配音旁白播出等，都是認真面對本地觀眾的例證。台灣市場雖然容納了許多國際性的頻道，不過電視娛樂的自我個性，甚至是封閉性，還是很有主導力。

台灣電視的本土化並不特殊，其他國家也有類似的例子。號稱民族熔爐的美國，種族複雜，非洲裔一直存在，這些年西班牙裔、亞裔也迅速成長。基於他們不容忽視的消費力，電視當然有所反應，包括早年無線電視增加以黑人為主的節目，如台灣熟悉的「天才老爹」即是轟動一時的例子。近期，有線電視針對非洲裔黑人所成立的Black

Entertainment Television（BET）頻道家族，更是不容懷疑的傑作。西裔方面則有CNN、Fox以及MTV等，分別成立新聞、運動與音樂的專屬頻道。亞裔則因為觀眾基礎較小，多在付費頻道播出，包括菲律賓、日本、華人等，在某些地區甚至還有阿拉伯頻道。對於這些電視頻道，或許本土化並不是最好的形容，「去白人化」或「去英語化」可能較佳，但都是認清市場結構後而產生的產品定位。

除了本土之外，東森幼幼台是台灣第二個成功的產品定位，除了針對兒童觀眾播出卡通之外，幼幼台也引進親職教育的節目，成功地吸引了中產階級的家長觀眾。九〇年代，幼幼台與日本NHK聯手，翻版製作在日本播出長達四十年的親子節目「和媽媽在一起」，稱為「YOYO新樂園」。面對世界級的競爭對手，如迪士尼與卡通頻道，東森幼幼台比來毫不遜色，不僅收視率強強滾，在家長的心目中也深具

口碑，且由電視節目發展出來的商品行銷更讓同業羨慕。

第三個成功的例子是東森購物台，這個由來已久的行業，早在八〇年代即大行其道，不過當時多數是區域型的業者，缺乏正規的經營模式。八十九年成立的東森購物台，是台灣最大規模的嘗試，它透過衛星傳送與現場節目，進行物流與金流，等於是經營一個完整的零售行銷網。比起一般的電視台，它的節目較單純，行銷上卻又複雜許多，韓國是亞洲最值得參考的典範。二〇〇二年，東森購物的營業額高達幾十億，且在九十二年成立第二台，可見其未來的發展潛力。

第四個例子是緯來體育台。和信集團於八十四年一戰成名，以十五億四千五百八十四萬的天價，從年代手中奪得中華職棒八十六年起連續三年的電視轉播權。七十九年開始的中華職棒，起初由華視與中視轉播球賽，一場比賽的權利金僅有象徵性的三千元，還要提供便當給電視台的工作人員，堪稱職棒的苦日子。職棒的三至七年，均由年代取得轉播權，其間後三年的權利金是一年三千萬，這是職棒脫離苦海的日子。中華職棒從第八年開始，電視轉播即由八十六年成立的緯來體育台接手，一直到新世紀。這個頻道是台灣本土運動頻道的代表作，近年來更是國內唯一的純運動電視台。除了職棒，台灣的撞球熱也是緯來的傑作。而中華職棒與台灣大聯盟在二〇〇三年的整合，將是國內與境外運動頻道競合的最大變數之一。

最後是八大戲劇台，它是台灣戲劇頻道的始祖，以「藍色生死戀」捧紅韓國偶像劇，其他節目的收視率也居高不下，如九〇年代的「順風婦產科」與「女人天下」。定位清楚是這些頻道成功的最大公約數，其中雖然有大眾與分眾之別，收視率與利潤的高低也不盡相同，但是策略的出發點卻是一致。

我們都是一家人

一般商品常使用品牌延伸策略，有線電視頻道也不例外。以美國為例，台灣熟悉的Discovery頻道，這些年在美國發展出了好幾個子頻道，包括文明頻道、健康頻道、家庭休閒頻道、兒童頻道、科學頻道等，均使用Discovery的品牌。全世界運動頻道的領導品牌ESPN也是一樣，母子頻道共有五個。美國第四個無線電視網Fox，在有線電視也不遑多讓，共有六個Fox頻道，包括家庭、電影、新聞、運動等，這還不包括地區性的頻道。MTV也針對不同族群成立了好幾個不同型態的音樂台。

台灣的情況一致，本地的有東森、緯來、年代／TVBS、三立、八大、中天，以及最早的外商衛視，它們的頻道總數接近台灣頻道市場的二分之一，占有七成以上的收視率。頻道數最多的是東森，收視占有率在九〇年代約是一成五。其次是年代/TVBS與三立，分別擁有六個與三個頻道家族，收視占有率皆是一成四，後者是台灣有線電視頻道公司的獲利冠軍，九十一年的EPS估計有四塊多，而且很快就會上市。八大家族的三個頻道，收視占有率在一成左右，獲利率也是數一數二。衛視與緯來家族的收視占有率差不多，接近一成，頻道數也一般。

頻道家族的好處是內部資源的互通與外部業務力量的整合。前者透過一致的行政管理體系與人員，大幅降低成本；後者則發揮整體戰力，在市場上左右逢源。左右逢源指的是系統與廣告，兩者都需要不同屬性的頻道與節目，一則服務不同節目嗜好的有線電視觀眾，一則觸及不同購買習性的商品消費者。以最大的頻道家族來看，東森擁有新聞、國片、洋片、綜合、兒童、購物等不同屬性的頻道，業務人員到了系統，除了購物外，所有頻道都是有線系統的必需品，而且彼此相互區隔。另一方面，見了廣告客户，幾乎所有的客層均可一網打盡。一張廣告託播單排下來，各式各樣的節目都有，男女老幼統統在內，難怪據估計九〇年代的前幾年，東森每個月的廣告業績超過二億。除此之外，頻道家族在聲勢上也高人一等，一個頻道等於是一個電視台，如果其中包括新聞台，那更是擁有第四權的身價。

但是，頻道家族並不是每一個都成功。有的家族的頻道，在其個別的競爭領域內表現平平，不論是系統或是廣告業務都會很吃力。有的家族，所屬頻道僅一枝獨秀，如此也難撐大局。有些家族則是區隔不明，除了自家人左右腳互踩，對外也沒有相乘相加的競爭力。不過，區隔不明不見得都是致命傷，有時還是大有可為，例如ESPN與STAR Sports，在台灣與亞洲許多國家均是資本結合，同屬一家公司，兩者幾乎壟斷了大部分的國際性體育賽事，如此仍有機會一搏。

相反地，有的單一頻道想在台灣發展家族，不過多數並不順利。過去由Sony掌握的超視與AXN，始終各行其事，最後前者由東森併購，後者則繼續單兵作戰。Discovery也一直想引進更多的頻道，結果其兒童頻道僅在母頻道中開闢部分時段播出，另一個子頻道「動物星球」在台灣奮鬥了好多年，普及率直到九十一年末期仍無起色。以台灣的市場結構，新頻道幾乎已沒有登場一搏的機會，因為既得利益與既定勢力不允許，也不讓位。

以總體台灣市場來看，頻道家族比單一頻道要相對強勢許多，大型化的人多勢眾自然是主因。單一頻道不但在系統授權上選擇依靠大

邊，在廣告經營上亦有集中的趨勢，交由頻道家族代理其廣告業務。包括系統與頻道，台灣的有線電視堪稱家族電視，名字不少，姓氏不多。

三萬六千公里高空的通路

衛星有線電視，顧名思義，衛星加上有線，兩者都是通路。有線電視系統是地面的通路，是系統與訂户之間的連結；衛星則是天上的通路，是頻道與系統之間的通道。台灣的本地頻道，透過少數幾家提供衛星上鏈服務的公司，把節目訊號從主控機房傳送給衛星公司上衛星，再由全省各地的系統經由屋頂上的碟型天線接收，進入其「頭端」，再用光纖及同軸電纜傳送給約五百萬的訂户，整個過程不過一、兩秒鐘。

外商頻道的衛星上鏈一般在台灣境外，所以也可稱為境外頻道。不論是在新加坡，或是香港上鏈，境外電視台的主控機房同樣地將節目訊號送上衛星，再由本地的有線電視系統接收。如果有台灣本地製作的節目，一是將錄影帶送到國外，像過去衛視中文台的做法；二是透過台灣衛星傳送，再由境外接收，擇期播出，例如MTV音樂頻道；三是現場節目，由台灣衛星即時傳送至境外衛星，再由境外衛星立即播出，像是ESPN轉播台灣職棒。

在境外上鏈有先天的劣勢，主要是時間差，不能即時反應與缺乏時效。節目如果採用現場播出，台灣與境外兩個衛星同時運作的成本很高，僅能選擇性地利用。況且衛星上下兩次，新加坡、香港與台灣的電視規格又不同，訊號品質也會耗損不少，所以境外頻道經營流行的即時談話節目就會很辛苦。廣告上也是如此，台灣的頻道公司可以今天收帶子，明天就播出，境外公司卻要透過衛星或錄影帶將廣告送到國外再安排播出，一來一往好幾天，這對講究時效的台灣廣告客戶來說是一大麻煩。因而在九十一年，境外頻道的老字號衛視中文台，已將衛星上鏈移師台灣，除了畫質清晰許多，節目製作上也可有更多的彈性。

天空的衛星與地面的系統不一樣，前者有所選擇，後者在一區一家的情況下，幾乎是別無他途。既然衛星可以選擇，自然有冷門與熱門衛星之分，所謂的hot bird通常在基本面有優勢，也許是角度好、接收容易，也許是價格上有競爭力。為了系統接收方便，很多頻道會擠在同一顆衛星，尤其是要擠在有熱門頻道的衛星，這也正是衛星平台的經營概念。華人頻道進入北美市場，就非常重視平台的選擇，為的是讓直播衛星的訂戶接收方便，無需購買一個以上的衛星天線。美國的有線頻道大約使用不到二十顆衛星，Satcom與Galaxy兩個系列最為熱門。

九〇年代的台灣，亞太二號堪稱衛星平台的第一名，非凡、東森家族、HBO、Cinemax，以及其他眾多的電影台、財經台，加起來超過四十個頻道。第二名是泛美八號，包括民視家族、八大家族、三立家族、緯來家族、超視、Discovery家族、迪士尼、霹靂、MTV等，共約二十幾個頻道。其他的還有年代、TVBS家族所使用的泛美二號，衛視家族的亞衛三號，與公共電視的中新一號，全部五顆衛星涵蓋了台灣所有的電視台。而地面與天空通路的所有權與經營權也有部分重疊，想要下地，必須先隨我上天。

講給大家聽

傳統行銷上最後的一個元素是促銷，包含廣告、宣傳、公關、活動等。與無線電視相比，衛星有線電視活躍許多，幾乎所有稍具規模的公司，不論系統或頻道，都有獨立的促銷宣傳與公關部門，功能性極強，也很專業。系統是地區性的媒體，必須要與地方政府、利益團體、社區組織、廣告客户與收視訂户維持良好的關係，自然有必要設置專責單位。在許多地區，有線系統也自行經營地方頻道，製作地方新聞、社區報導，參與推廣社區活動。

頻道的促銷有過之而無不及，主因是激烈的節目競爭，每天好幾百個節目，均需要行銷單位的關心，才能脱穎而出，贏得觀眾的注目。除了在自家的頻道播出節目的宣傳廣告，或是頻道家族之間的跨頻宣傳，或是透過交換廣告在別人的頻道作宣傳，多數的宣傳是透過平面媒體，尤其是報紙。八〇年代是高峰，只要是新頻道推出，就一定會有報紙廣告；只要有新節目問世，一定也有報紙廣告；塑造形象、拉抬聲勢、維繫觀眾，都會有報紙廣告。因著有線電視的競爭，無線電視也加入平面廣告的行列，報紙當然大發利市，因此有些影劇記者也兼職業務，拉廣告，賺外快。此時期有專業的影劇報與雜誌上市，可能也與有線電視廣告量的增加有關，當然也與大量的頻道與節目有關。

平面廣告有的是廣告交換，有的是現金購買，到了九〇年代的經濟不景氣，都少了許多。電視台轉而更積極地運用長久以來的老招式，即是記者會與發布新聞稿，以及辦簽名會、握手會等新招數。各式各樣的電視娛樂新聞也是方便的工具，因為有畫面與場面，動態的宣傳活動成為主流。探視孤兒院、拜訪政要、騎馬遊街、泡溫泉、逛夜市、啖美食、放鞭炮、切蛋糕、開香檳都是慣用的技倆。而演唱會、金鐘獎、金馬獎、金曲獎等大型活動的舉辦與轉播，除了具有整體頻道的造勢功能之外，更有業務收入的潛力。例如全世界最大的MTV音樂頻道，每年在台灣舉辦的大型演唱會或是新秀選拔，全勝時期可以吸引贊助廠商幾百甚至上千萬的金援，是其營收的重要來源。而金馬獎、金鐘獎、金曲獎這類全國矚目的活動，更是電視台之間競爭面子與裏子的重要場合。

其他周邊商品、平面出版、唱片、光碟等，在宣傳及業務上均有著力點，以及互相拉抬的效果。九〇年代的促銷公式，一齣連續劇，不僅是一個電視節目，也是一本書、一張唱片、一套光碟，也就是一

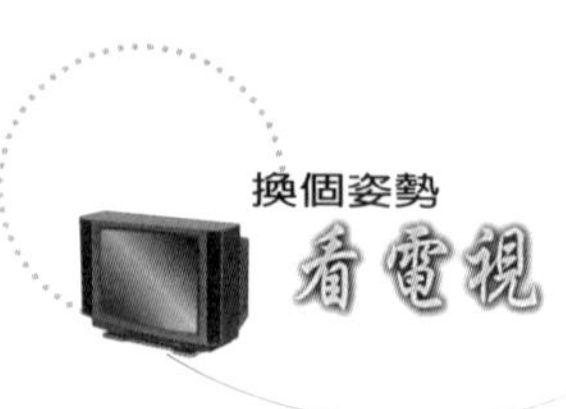

組商品。所有的配套措施都有各行各業的專業人士共襄盛舉，在整體的光環下，大家各賺各的。媒體產物商品化在電影行之有年，電視不遑多讓。美國的「X檔案」從電視開始，延伸出一部電影，三十本書，以及不計其數的帽子與T恤。

娛樂之外，新聞也有發揮，民意調查是另一套促銷方式。它可以上平面媒體的新聞，可以宣傳新聞台本身的形象與專業度，也可以多幾條獨家新聞。一個民調花費幾萬元，有如此的效果，說起來也划算。

第六話

大哥與小弟：無線與有線電視的競合

有線電視以頻道家族與系統聯營為策略主軸，無線電視在發展了四十年之後，除了民視之外，到九〇年代初期，仍是單打獨鬥的局面。雖然在過去老三台都嘗試想要介入有線電視，不過都是無功而返，包括八〇年代開播不久即收場的台視「冠軍頻道」。中視的表現算是較為突出，早期投資經營中視衛星頻道，後來該頻道併入中天電視家族，一年多後又轉手賣給了時報集團，到了九十一年，中視已在有線電視金盆洗手。華視則從頭到尾繳了白卷，沒什麼具體動作。

後起之秀的民視大有不同，從八十六年開播即是兩手策略，一是成立無線第四台，二是在有線電視推出新聞台。後者還比前者早一個月開播，並為了快速普及，對有線系統採取免費的授權播出。之所以成立新聞台，大概有三個原因，一是與無線台的綜合屬性加以區隔；二是基於既有無線的新聞部，擴大成新聞台，能更有效率地運用內部資源；三是其民進黨的背景，在當時老三台被執政國民黨操控的前提下，自然不能放棄難得的新聞發言權。八十四年年中，民間全民公司的民視打敗對手「豐年」及「亞太」，而贏得華視開播二十年後的第四張無線電視執照之初，即有公司的高層領導人想要在該年強行提前開播，以便為年底的立委選舉與次年的總統大選護航效力。由此看來，其有線新聞台的成立，自然有商業及政治的雙重考量。

政治與台灣的電視始終是一門經濟學上的大學問。歐洲的公共電視雖然可說是國有，但在經營上卻處處小心，避免政治力的介入，強調全民監督與參與，以及文化的提升。美國的商業電視與國有資本毫不相關，一方面關閉了政治干擾的大門，一方面在政府嚴格的要求與管制下，進行商業活動。以致美國多數有關電視與政治的研究，均局限於選舉的報導、候選人的辯論、媒體的效果等操作層面。

台灣的電視政治則是「世界大不同」，操作面有之，所有權與經營權更甚。從年輕的民視，到步入中年的三台，無一倖免。前者是民進黨內部派系的對立，所以初期有「民間」與「全民」兩種不同的聲音；後者是國民黨多年來的操控，台視、中視、華視各有其主，卻都在商業之餘，與政治掛鉤。整個八〇年代，黨政軍與無線電視的裙帶關係，是大眾口誅筆伐的全民公敵，其間有「傀儡說」、「黨政軍退出三台」、「無線電視公共化」等反省、呼籲與行動，直到九〇年代改朝換代初期，所有權的版圖依舊，經營權的政治學僅稍有褪色。另一方面，有線電視在商業化與合法化的進程中，也經歷了政治的洗禮，包括早期民進黨色彩的民主台，與後來國民黨的「博新」系統與頻道。也就在同一個十年，無線電視從三台變成五台，從電視的唯一主流變成主流之一，而繼之興起的有線電視，從後學變成顯學，由支流匯入了主流。

大家一起來

有人用「有線電視無線化」來形容台灣有線電視普及率之高，已與無線電視的全面性相差不多。沒錯，依各種民間的調查，台灣有線電視的普及率已超過八成，全亞洲第一，甚至在全世界都是名列前茅。以亞洲主要國家來說，衛星有線電視普及率的第二名是日本及印度，可是都不超過五成。接下來是紐西蘭與中國大陸，兩者接近四成。澳州、南韓、香港、新加坡等地，約在兩成五至三成五之間。亞洲國家的平均數是三成四，台灣足足高出兩倍有餘，也比歐洲的平均數六成來得多。就算與有線電視的老大哥美國相比，台灣也不遜色，它的有線電視普及率差不多七成，外加直播衛星的一成七。當然兩者之間的市場規模差一大截，美國的電視家庭約是一億户出頭，台灣差不多六百萬。美國的有線電視分為三萬三千區，台灣初期是五十一區，九〇年代是四十七區。

除了普及率接近之外，無線與有線的節目內容愈來愈類似，兩者的交流也日趨頻繁。首先是有線電視頻道購買無線台播畢的節目，主要是戲劇、類戲劇，其次是少量的綜藝。這樣的做法一直延續到九〇年代，包括九十一年尾的「澀女郎」，華視還在播最後幾集，東森綜合台就已經開始重播；華視的「紅豆女之戀」也在一播完，立即在緯來戲劇台重播；八大戲劇台也在同年暑假開始重播華視的「麻辣鮮師」；相同地，衛視中文台也播出民視的「超人氣學園」。例子不勝枚舉，每家有線電視的綜合台或戲劇台，或多或少都是無線電視舊節目的重播台。或許這也是一種「有線電視無線化」。

為什麼無線台願意出售節目給有線？如此不會助長他人志氣嗎？答案很單純，無線電視需要這樣的收入，以彌補廣告營業的銳減。而為什麼有線台需要從無線電視購買節目呢？一樣簡單的答案，他們需要節目，而且用買的比自己製作要經濟實惠。況且有線電視的節目主管已經從自己與別人的經驗中，學到了一項重要的功課，就是「好戲不怕重播」。最早的經典是「宰相劉羅鍋」，不管在無線、有線重播了多少次，收視率依然亮眼。以機率來看，無線電視播完的節目，收視率不過個位數，再好也只有十出頭，還有絕大多數的觀眾無緣一見。當然同樣的節目在有線電視重播，收視率比不上無線的首播，不過有線頻道對收視率的要求較低，以相對的廉價買進，廣告上仍有賺錢的機會。何況只要是好戲，重播的收視率也會不錯。

早期一面倒的節目交流，到了八〇年代末，已完全走樣，有線電視不再總是重播台，首播也不再是無線老大哥的專利，兩者開始平起平坐，在購片上互相競爭。九〇年代的韓劇是最好的例證，「火花」、「冬季戀歌」、「開朗少女成功記」等等，都是在有線電視台播完之後，又在無線台重播。無線重播的收視率與有線首播差不多，有時高有時低，不過成本可節省許多，大約每集花費三到五千美金不等，比自己製作要廉價，收視率也有相對的保證。而有線電視也樂於將節目與無線分享，同樣降低自己的成本。比較起來，九〇年代的有線電視頻道非常有衝勁與鬥志，對自己的節目眼光與業務能力愈來愈有信心，所以才會採取首播的主動攻勢。而無線電視面對日漸低迷的市場愈來愈無法掌握，內部人心惶惶，自亂陣腳，當然在節目上比較保守，也顯得相對弱勢。

這個趨勢不僅在購片上發展，就連自製戲劇也開始從有線回流到無線。三立自製的口碑偶像劇「薰衣草」與「MVP情人」，分別在台視與華視播出，隔天、隔週再回到自己的頻道重播，兩邊的收視率均是偶像劇的第一名。曾幾何時，有線除了在購片上超越無線，更在自製戲劇上得到無線的肯定。面子上，無線電視是首播，不過有線頻道卻賺到裏子，除了從無線收費外，自己的頻道也可以播出，還加上海外市場的銷售收入。外銷台灣製的國語戲劇節目，所有權利的授權收入一般約是每集美金兩萬元以內，最高記錄也有賣到三萬美金，而古裝劇一般又比時裝劇的收入高。最大的市場在中國大陸，約有一萬美金；其次是港澳，約是六千美金；第三是東南亞，至多有兩千美金；最後是北美，也差不多兩千左右。「流星花園」在中國大陸本是銷售的模範樣版，可是最後卻在一聲禁令下停播。台製偶像劇在大陸的出路，從九十一年起，從審批開始，短期內變得不太樂觀。

除了戲劇與普及率，其他有線與無線電視之間的區別也在縮小。過去有線電視的電玩節目，在專利多年之後，也在無線電視出現。八大與華視在新聞上的合作，使得同樣的新聞主播兩頭亮相。三立走紅的「鐵獅玉玲瓏」，中視以原班人馬照樣做一次。中天口碑甚佳的「2100全民亂講」，也會在中視再做一次。日本節目「超級變變變」，民視與國興都有。卡通更是如此，「遊戲王」、「名偵探柯南」、「神奇寶貝」、「哈姆太郎」等，無線與有線電視只有首播與重播之分，沒有節目的大不同。「有線電視無線化」或許僅說出一半的故事，另一半是「無線電視有線化」。無論如何，不管誰化誰，是否又是more of the same？兩者如出一轍呢？

九〇年代，無線與有線電視之間好像並沒有把彼此當作對手，反倒比較像是合作關係。超視在被東森併購前，曾與中視正式地策略聯盟。MTV音樂頻道也曾與民視合作，一起轉播了好幾場大型音樂會，前者是為了開闢中南部市場與降低成本，後者則是為了搶攻年輕人市場與增加有號召力的音樂節目，雙方一拍即合。其實兩種媒體在某些特定的合作上，更像合夥生意，一起買節目、投資節目，私底下大家都是好朋友。

有些事不能一起來

競爭也好，合作也好，不外是為了增加營收與降低成本。在不確定的九〇年代，降低成本是提升競爭力最直接的方式，也是無線與有線電視節目交流的主因。可是節目的靈魂，藝人，是不是也能交流呢？

老三台時期，藝人除了有師徒之分，更有門户之別。張菲、胡瓜、吳宗憲、張小燕等老牌綜藝主持人，雖不是與電視台簽約，卻清楚區隔為那家電視台賣命效力。八〇年代中期開始，這種標籤式的藝人文化逐漸瓦解，無線電視台之間的界限不再凸顯，甚至與有線電視之間也沒有距離。以致張菲最早從台視的「龍兄虎弟」，跨台主持華視的「笑星撞地球」。吳宗憲曾橫跨四家無線電視台，並在TVBS、東森及衛視現身。胡瓜的有線電視處女秀在衛視，也曾同時遊走老三台，九十一年更是中天樂透轉播帶狀節目的主持人。張小燕也不遑多讓，華視、TVBS-G、東風都有她的足跡。澎恰恰及許效舜，也同時有三立與中視的跨台經驗。事實上，藝人之外，新聞主播也在交流，從早期中天新聞及TVBS開播，就有三台主播跳槽有線電視的記錄，而這些年更頻繁，幾位有線台的當家主播都是無線台的前朝元老。李四端是最明顯的例子，從台視到TVBS，又去了華視，九十一年又出現在八大電視台，堪稱無線有線遊走自如。

八〇年代的無線電視，除了藝人轉台、跨台之外，節目也會跳台。八十三年，「天生贏家」從中視到華視。八十四年，「超級星期天」從台視到華視。進入新的世紀，同樣的戲碼依然重演。九十一年，吳宗憲的「綜藝戰艦」從民視跳槽台視，改名為「綜藝旗艦」。民視不甘示弱，同時段以胡瓜、陽帆的「綜藝大贏家」以對，主持人不同，內容卻差不多如出一轍。其實早在八十七年也有類似的故事，張菲與費玉清從台視的「龍兄虎弟」，跳槽華視主持「龍虎綜藝王」，台視則找來徐乃麟與黃安接手，主持人雖不同，內容又一樣。

人可以交流，無線之間有競爭，無線與有線有時也互別苗頭。民

視是無線的龍頭，三立台灣台是有線的龍頭，由於走的都是所謂的本土路線，「雙龍會」自然少不了火藥味，尤其是八點檔的連續劇，纏鬥特別激烈。九十一年，民視投資成立鳳凰經紀公司，在有線電視已陸續發展藝人經紀之後，此舉是無線電視近年來的首例。推測它的目的很簡單，即是肥水不落外人田，這有兩層意義。一是自己的節目運用自己的藝人，經紀收入可以留在自己口袋。二是將重要的藝人納為已有，防止其他競爭者使用。三立首當其衝，因為兩者八點檔的劇型、劇種雷同，檯面上的藝人也不多，他們一旦與民視簽約，勢必不能在三立露臉，其競爭力自然會打折扣。

電視台自營藝人經紀已慢慢成型，幾家營運良好的有線電視台，不是自己做，要不然就有策略聯盟的夥伴，能掌握藝人資源總是方便事。無線電視除了民視，其他三台沒什麼動靜，大約是節目製作量縮減的緣故。九十一年，老三台的八點檔播出了很多韓劇及大陸劇，都是買來的，談不上藝人的需求。況且三台還在賠錢，策略也不清楚，大概無暇顧及經紀的生意。

數字站出來

「六」與「四」是有線電視的兩個幸運數字，分別代表收視率與廣告營收的變化。八〇年代的前幾年，有線電視仍在初階段的奮鬥期，系統為了合法化，忙於整合與申請執照，頻道則仍以錄影帶傳送，與系統間為了價格吵得不可開交。這是無線電視在二十世紀最後的喘息機會。

八〇年代中期開始，有線電視開始鹹魚翻身。第四台與社區共同天線業者有一百五十六家公司獲得籌設許可，正式準備加入有線電視的行列。同時期，由於衛星轉頻器的價格下滑，眾多的台灣本地頻道從地面錄影帶一躍進入天空的衛星時代，與之前開播的香港衛視等頻道分庭抗禮，成為電視台的正規軍。八○年代的前半，有線電視的廣告營收雖有倍數成長，但仍居整體電視廣告的弱勢，是無線三台的小老弟。到了八○年代的後半，八十台的有線電視急起直追，無線電視雖有民視新秀加入，但依舊不敵人多勢眾的有線頻道，以致到了世紀末，有線電視的廣告營收超越無線四台，形成六四之比。以九○年的潤利資料估計，六成的廣告收入，大約是一年一百六十億。不過這並不是八十台均分，其中強弱差別很大，幾個頻道家族占有絕對優勢，推估拿下八成以上，東森、年代、八大、三立居冠，占了整體的六成左右。而它們的系統授權收入，大約也是整體市場的六成。兩項收入加起來，單一頻道家族的總合營業額可能高於任一無線電視台。

潤利公司在計算廣告量時，主要是以整體監看所得的廣告秒數乘上廣告定價而來，不過在保證收視率（CPRP）、現金折扣及贈送檔次的普遍情形下，很多廣告收不到錢，或是與定價、牌價差距頗大。因此，由廣告秒數所推估的廣告營業額有一定程度的高估，運用上應該特別保守謹慎。依《動腦雜誌》公布的資料，台灣九十年的電視廣告總量是兩百一十億，其中有線電視占了百分之五十五，無線四十五。不論實際數字為何，趨勢已經一目瞭然。

美國無線電視網的廣告情形還不至於太糟，不過多年來也是損失慘重。簡單地說，他們的廣告購買分為兩種，也可說是兩階段，一是對於次年的預購（upfront market），一是即時的現貨買賣（scatter market）。前者可占整年比例的四至八成，每一家廣告客戶不太相同，每

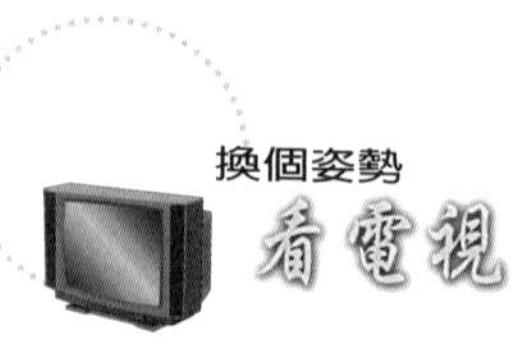

一年也不盡相同。預購制像是基本收入，在新一年的節目開播前，電視台就可以大概知道次年的營運狀況。經濟好的時候，市場情況穩定，需求量比較大，預購量也比較大。相反地，彈性機動的現貨制，比較能配合短時間的市場變動與行銷需求。以最新的二〇〇二至二〇〇三來看，無線電視網的預購總量是六十七億美金，比前一年少了三個百分點。全國性的有線電視網則是四十二億美金，較前一年增加了百分之五，且預估頻道家族如Turner，ESPN，Discovery等獲利成長最多。在二〇〇〇年九一一事件發生前，無線與有線的比例大約已是七三之比，且後者每年均有成長，前者每年退步。

六與四的比例也是收視率的反轉。短短的十年間，台灣無線三台的收視率一路下跌，雖然有民視的火力支援，以及其從「春天後母心」開始的收視攀升，但仍無法挽回頹勢。九〇年代的前兩年，無線電視在黃金時段的總合收視率僅達整體的四成，由有線電視瓜分其餘的六成。而無線電視所分到的四成是平均數，是其週末強勢綜藝節目拉抬的效果。若是以周一至周五的五日來算，無線四台的收視率還不及四成。

這樣的情形也發生在美國，在不到二十年間，無線與有線電視的收視分配逆轉，程度與台灣差不多。以二〇〇一年夏季的黃金時段為例，有線電視基本頻道的總合平均收視率是28.8，相較於無線四台（ABC、CBS、NBC、Fox）的19.9，也差不多是六四之比。美國尚有兩家較年輕的無線電視網，WB與UPN，不過他們的普及率與收視率還差很多。從上一世紀的最後十年，到新世紀的前兩年，美國無線電視的收視率持續下探，從一九九八年開始，就已經大幅落後。在此期間雖然有短時間因強勢的節目而略有挽回，不過趨勢已經十分清

楚。有線電視不是省油的燈，美國如此，台灣亦同。

中國大陸也差不多，在成都、廣州、上海、北京等幾個首善區域，二〇〇〇年無線電視的收視占有率以上海最高，約是百分之四十七；成都略低，約是百分之四十二；北京是百分之三十六；廣州因為無線電視以外的選擇最多，其無線占有率僅有區區的百分之十八。廣州是大陸對外開放的窗口與指標，新聞集團的星空衛視，新聞集團與中資合夥的鳳凰衛視，與時代華納集團的華娛衛視等三大境外衛星頻道，都在廣州等珠江三角洲地區擁有大批的忠實觀眾。而鄰近的香港，其無線電視也在衛星有線電視的競爭下逐漸衰退。二〇〇一的第一季，衛星有線電視的收視占有率是百分之十九，一年後是百分之三十。環顧亞洲各國，類似的例子不斷重複，而且衛星有線電視的觀眾群比較年輕，工作比較好，教育程度也比較高。

在台灣，六成收視率的移轉與累積，雖然所有的有線電視頻道都出了力，但是幾個頻道家族的貢獻度最高，其中又以綜合台功勞最大。以九〇年代為例，從每天的熱門節目收視排行榜即可發現，有六成的節目屬於瞄準最大眾的綜合台，第二名則是戲劇台與新聞報導。其他分眾又小眾的節目或頻道，除了卡通與少數的運動之外，想上榜十分困難。台灣的分眾頻道受限於市場規模，在經營上始終比較辛苦，不論是兒童、運動、音樂等皆然。相對來說，美國的市場就大得許多，它的電視人口是一億六千萬人，一個百分點的收視率，即代表超過一百萬戶的家庭，或是一百六十萬人，而台灣卻僅有二十萬人。分眾頻道的觀眾基礎原本就較小，在綜合台的環伺之下，想要有所突破真是難上加難。所以，和無線電視屬性接近的有線綜合台，是收視率重新洗牌的主因。

事實上，無線與有線之間的收視率，移轉的速度很快，幾個高收視的節目會使短期的收視分配改觀。譬如九十一年的民視，其八點檔連續劇「世間路」是全國收視冠軍，在接近完結篇的時候，收視數字高達十以上，可是下檔之後，接檔戲「移山倒海樊梨花」卻沒有承接到之前的大批觀眾，收視率滑落到之前的一半，以致從民視所釋放出來的八點檔觀眾，流竄於各個電視台之間。一時之間，所有其他的八點檔戲劇節目均得了便宜。其中三立台灣台的「台灣霹靂火」立刻延長播出時間，由於它與民視的「世間路」屬性最為類似，是吸收游離觀眾的大贏家，收視率成長了一倍以上。其他屬性的戲劇，如衛視中文台的「大漢天子」與緯來戲劇台的「明成皇后」也都明顯進步，收視率節節高升，成為排行榜內的熱門節目。台視當時的八點檔，首度播出韓劇，曾引起一些爭議，反對者認為是剝奪本地藝人的生存權利。不過，台視還是照計畫播出了「玻璃鞋」，收視率也在「世間路」下檔後急速上升，維持了好一陣子的榮景，直到下檔。

收視率隨強檔節目迅速移轉的例子屢見不鮮，美國也有。二〇〇一年夏天，轉型不久的有線電視綜合台TNN（The National Network），從另一個綜合台手中搶來了WWF（World Wrestling Federation）的摔角節目，整體收視率即上升許多，黃金時段的平均數字進步到一以上。而錯失摔角的USA頻道，則從有線電視的第一名掉到了第二。台灣的衛視中文台與體育台，以及ESPN都播過這類的節目，不過觀眾偏好日本版本，所以美國摔角在台灣沒有太大的迴響，就像台灣兒童偏愛日本卡通一樣。

「世間路」下檔後，三立「台灣霹靂火」與民視「移山倒海樊梨花」收視成績十分接近，彼此均宣稱過收視第一，互有勝負。而有線電視的八點檔可與無線電視平起平坐，甚至超越無線，這在全世界也不多見。九〇年代初期，三立台灣台是有線電視的霸主，自然最有資格與無線電視一較長短。尤其是八點檔的戲劇節目，三立台灣台是唯一長期以自製方式播出，且可與無線電視相對競爭的頻道。九十一年十月，表現不如預期的「移山倒海樊梨花」匆匆下檔，三立八點檔愈戰愈勇，頻創新高，使得民視的「不了情」接戰得非常辛苦。十一、十二月的幾天時間，三立台灣台的總計收視率竟超越無線電視台，大概創下金氏世界紀錄。可是，除了三立台灣台之外，無線四台仍具有絕對優勢。

同樣地，無線電視在新聞上仍保有相當的競爭力，不論是午間或晚間，任何單一有線電視的新聞頻道均無法抗衡。晚間七點到八點，所有無線電視的新聞約占總體收視率的四成，而所有有線的新聞專業頻道，包括TVBS-N、年代、SETN、東森、中天及民視新聞台，其收視率的總合不過一成多，甚至還比不上收視最高的單一無線台新聞。午間新聞的情況也差不多，六個新聞台的收視率加總尚不及無線四台的四成，以致大部分的新聞競爭，仍限於四家無線台之間。有線電視的專業新聞頻道直至九〇年代初期，仍是彼此之間的較勁，除非有重大事件，才有奮力一搏的機會。

進一步從黃金時段細分，無線電視的競爭力主要在七點到九點之間，也就是新聞與戲劇的時段，市場占有率有四成以上的實力。周末則延長到十點左右，因為大型綜藝節目的加持、加分。平常的五天，到了晚間九點以後，有線電視即開始發威，而十點以後，無線電視的收視率下划更快，大約僅及總體的三成。十一點過後，更掉到兩成左右。還好整個周末是無線電視的大本營，平均收視率撐在四成以上，而八到十點的兩個小時，更可突破五成。大部分有線電視頻道棄守周末時段，以及傳統上無線電視在六、日晚間強打猛攻，都與收視率的消長有關。

總體來看，無線電視在新聞、戲劇以及大型綜藝等節目屬性，仍具有相對的競爭力。八十台有線電視頻道對打四台無線，雖然分食了大部分觀眾，但除了少數中的少數，任何單一頻道均不足與無線電視同台競技。儘管如此，無線電視的衰退也是事實，從「茶壺內的風暴」到大庭廣眾的競爭，衰退也是必然，問題是要衰退到什麼程度。

新秀的民視可以有些啓發。從八十六年開播，兩年後即開始在收視率上大有斬獲，尤其是八點檔的連續劇，到了九○年代初期，已領先各台好幾年。雖有開播之初的政治陰影、人事是非與派系鬥爭，可是由於本土化的策略與專業的管理，民視的成功並不偶然。在所有權與經營權的分離，與專業經理人的聘用上，其他三台望塵莫及。就連在有線電視上的發揮，也是唯一的優等生。反觀老三台，整個領導體系是舊官僚的思維與做法，政治酬庸與政治任命是致命傷。除了中視之外，總經理的任期都不長，以致專業精神無法發揮。九十一年有關無線電視公共化的呼聲，更使得台視與華視雪上加霜，尤其是台視被點名為收歸國有的主要目標，其前途的不確定性想必大為影響競爭力。

不論今後是兩台或是三台公共電視，如果以目前公視第一台的收視率來看，無線電視的總體收視競爭力只會退步。退步不是指節目品質不好，而是比不上全然以娛樂為導向的商業電視台，包括無線與有線。沒有被點名的中視與民視，在其他無線電視台公共化之後，收視及業務顯然可以大幅成長，而有線電視當然也可分享到競爭者減少的好處。這也許是商業無線電視絕地大反攻的好機會，讓商業電視回歸到商業本質，競爭力自然提高。這或許也是無線與有線電視之間的競合，再一次洗牌的新局。

九〇年代初期，有人說衰退的無線電視是一頭睡獅，無線電視公共化或許就是平地一聲雷。也許就像Discovery頻道上的一個鏡頭，一頭獅子例外地爬到樹上，樹下圍著一群水牛，牠們互相咆哮，虛張聲勢。獅子對付不了一群牛，牛也僅求自保而已，所以樹上樹下勢均力敵。不過，牛雖然上不了樹，可是獅子一旦下樹，就免不了一場惡鬥。勝負之間，牛群的集體表現是關鍵，而獅子的實力更決定其殺傷力。無論如何，獅子還在樹上，也搞不清楚牠上樹幹什麼，大約是本想欺負落單的水牛，卻沒想到反被牛群圍攻。雙方都還在想對策，偶爾吼叫兩聲，聽起來如出一轍。

第七話

通路往哪去：有線電視系統

台灣的有線電視系統自八十二年立法以來，整合是第一個十年的發展主軸。八十三年，總共有兩百二十九家業者向新聞局提出籌設申請，兩年後一百五十六家取得籌設執照。又過了兩年，基隆市的「吉隆有線電視」通過審核，成為全國第一家正式營運的有線電視系統。到了九十一年，全台灣四十七個分區，只剩下六十家出頭的系統公司繼續營運，有八十家左右的業者向新聞局提出撤銷籌設許可，表示他們已被整合完畢，不再需要單獨的執照。這是整合的第一個面向。

整合的第二個面向是從「一區多家」到「一區一家」。四十七區內，有三十區左右是獨家經營，意味著觀眾沒有選擇，業者沒有競爭。在其他的區域內，名義上雖有超過一家以上的有線系統，但很有可能私下還是屬於同一個集團公司。譬如在台北縣的中永和經營區，表面上有「新雙和」與「新視波」兩家業者，但事實上均為和信集團

所有及經營。這像是老闆的兩個口袋，如來佛的大手掌，也像一般消費商品的雙品牌操作，選擇權僅是煙幕彈與消費習慣而已。

九十一年年尾，「新視波」試驗推出數位頻道，用戶必須擁有「數位機上盒」才能收看，代價是一千五百元的押金。在電視訊號全面由類比轉為數位之後，若是用戶不願付錢，則不能收看往常的類比電視頻道。如此一來，這類的用戶勢必轉換系統，譬如從「新視波」變成「新雙和」，不過再怎麼變，也變不出和信的名堂。九十一年十月，行政院長游錫堃責成新聞局研議改善壟斷的情形，似乎擴大區域劃分是唯一的政策選擇。把兩個壟斷區域合併成一區，自然變成兩家業者競爭，不過這還是不能防止這兩家的互相併購，或互相克制跨區經營。

整合的第三個面向是水平面的多系統聯營。算起來，和信是水平整合的先驅，歷史超過十年。在全盛時期，它有百萬户以上的聯營實力，包括早期的社區共同天線，到後來的第四台、播送系統，以及現在的有線電視系統。目前和信是台灣數一數二的多系統聯營業者（MSO, Multiple System Operator），勢力範圍從基隆到高雄，共有十五個左右的系統，市場占有率超過兩成。取得全國第一張有線電視執照的「吉隆」就是和信旗下的一員。

九〇年代初期，媒體大亨梅鐸（Murdock）的新聞集團（News Corp）投資兩億四千萬美金，取得和信系統控股公司「中嘉」的兩成股權，一方面完成多年來想要介入台灣有線電視的美夢，另一方面也鞏固了衛視STAR TV在台灣的能見度。對和信中嘉而言，有了八十億台幣的進帳，一方面身價不凡，另一方面更有能力從事系統網路的升級與新服務的推出。新聞集團從澳洲發跡，是世界級名列前茅的多媒體王國，美國有Fox無線、有線頻道與福斯電影公司，英國有Sky衛星電視與報紙，亞洲則是在八〇年代從香港富商李嘉誠手中買下了STAR TV，並與ESPN合資聯手，共同經營兩個運動頻道。

另一個多系統的大集團是東森，市場占有率與和信不相上下，整個台北市幾乎都是它的勢力範圍。第三個是後起之秀的外商卡來爾（Carlyle），八〇年代下半異軍突起，由小而大。其購併的目標非常精準，首先鎖定一區一家的業者，其次則是股權上必須擁有絕對多數。全台灣最大的系統「群健」，在台中市大約擁有二十萬户的實力，就是該集團的台灣旗艦。卡來爾投資集團的市場占有率是一成五，原本的台灣策略是買進賣出，獲利了結，可是直至九十一年底，賣出的策略無法落實，大約是因為有行無市。第四個是太平洋集團，也是八〇年代後半的新秀，市場占有率略少於卡來爾，約是一成多。最後是中部的台基網，這是一個聯盟性質的組織，並不像其他四大集團是所有權與經營權的集中。和信、東森、卡來爾、太平洋加起來，控制了全台灣七成的有線電視市場，包括台北、台中、台南、高雄等都會區域。這樣五分天下的整合並未完全落幕，較小的集團之間仍有合作併購的討論。

水平整合的最大優勢緣自經營規模而來的談判實力，尤其是購買節目頻道的議價能力。頻道商對於多系統聯營業者可說是又愛又恨，愛的是節目可以快速普及，觸及大量觀眾，做為廣告經營的基礎。恨的是強勢的系統通路，在授權費用上與頻道商斤斤計較。其實同樣的愛恨情節也是系統業者的苦水，沒有節目無法吸引與維繫訂戶，可是購買節目又是高額的開銷。小小一個五萬户的系統，每個月的節目支出可高達千萬，這是除了工程建設的長期投資之外，最大的現金付擔。多系統聯營業者以其廣大的觀眾基礎，加上一區一家的通路壟斷，自然在談判議價上有其優勢。

多系統聯營業者的節目購買，有長時間的演進。八〇年代初期，雖然聯營已經成型，不過個別系統仍是自行其事，經營管理的多數層面均是地方做主，中央僅在整合與併購上帶頭。八〇年代上半，和信是第一個統一購買節目的系統集團，初期地方反彈嚴重，有幾個原因：一是事關重大權益與地方攻守戰術，二是當時和信在股權上未達絕對多數，原有股東與經營者有不同意見，三是聯營中央對地方的管理鬆散，多是交由當地原有的經理人繼續經營，以致雙方理念不同。兩、三年過後，頻道與系統市場亦趨穩定，所有權與經營權的整合日漸鞏固，節目的統一購買才成為市場的主流交易方式，談判層次也升高到老闆級。

水平整合也是美國有線電視的趨勢，AT&T是最大的多系統聯營業者，訂户數高達一千三百萬，每年的營業收入更有超過九十億美金的實力。二〇〇二年底，該公司為全美第三大的有線系統聯營業者Comcast所併購，又增加了八百多萬的訂户。兩者的資產合計為六百億美金，年營業收入接近一百五十億美金，掌握全美百大有線系統的四成，訂户數超過兩千一百萬，遍及全美四十一州，堪稱有線寬頻的巨人。兩者合併之後，它們兩千一百萬的支持者中，包括六百三十萬的數位電視用户，三百三十萬的寬頻上網用户，以及一百三十萬的電話用户（Cable Telephoney）。

美國的第二名是擁有一千兩百萬訂户的時代華納，全美最大的紐約市有線電視系統即是旗下一員。這是一個吸納一百萬個家庭的超級大系統，全世界大概只有中國及少數國家的有線系統能有如此的規模。全面來看，美國半數以上的前百大系統屬於前三名多系統聯營業者的版圖，其餘的也幾乎是其他較小聯營業者的天下。此類業者共有九家超過百萬戶，合計掌握六千萬的有線電視家庭，占美國七千多萬有線收視戶的八成五，一億戶所有電視人口的六成。節目統購也是美國多系統聯營業者的例行工作，甚至還有一家獨立組織National Cable Television Cooperative專門仲介系統與頻道的買賣，它們代表約一千兩百萬戶的有線電視人口，包括幾百戶的個別系統到百萬級以上的大型多系統聯營業者。

儘管水平整合嚴密，加上一區一家的壟斷經營，美國的有線電視系統還是要面對直播衛星電視的挑戰。Direct TV是全美最大的直播衛星電視，訂戶數超過一千萬，每年營業收入有五十五億美金。與地面的有線電視系統一樣，合併也是趨勢。二〇〇二年底，該公司被其競

爭對手Echo Star整合，兩者共計有一千七百萬的收視戶，每年超過一百億美金的營收，是有線電視強大的競爭對手。幅員廣大的美國與地窄人稠的台灣，這一點有很大的不同。太平洋衛視是台灣唯一的直播衛星業者，八〇年代末期開播後的幾年間，因為業務無法順利推展而草草結束，從此有線電視由主流變成沒有支流的主流。

整合的第四個面向是垂直整合，和信與東森堪稱有線雙雄，除了握有四成以上的系統市場，另外垂直擁有合計約三十個頻道，包含十二個自營頻道。太平洋系統集團也有頻道代理，不過相較之下算是小規模。水平與垂直的整合策略，簡單地說應是前者掩護後者，也就是以系統的實力，保障頻道的普及率及授權收入。相反地，台灣的垂直整合尚未明顯成為水平併購的工具，不論是哪一個多系統聯營體系，或是獨立系統，節目看起來都差不多，甚至連頻道號碼的雷同度都很

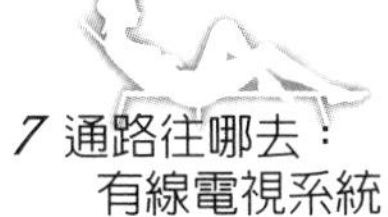

高。水平整合的唯一工具，看起來只有人脈與金脈。

都是廣告惹的禍

有線電視系統對廣告也是又愛又恨，愛的是自己經營的廣告，恨的是頻道的廣告。地區性的廣告不容易招攬，如果碰上經濟不好，那就難上加難。八〇年代中期算是收入好的時候，幾個大都會區域的地方系統廣告都還不錯，台中市應是最賺錢的市場。除了地產之外，餐廳、酒店、診所、超市都是很好的客户，收入雖然不多，但投資報酬率還划算。一個系統三、四個業務員，每個月可有幾百萬的業績。早期，跑馬燈廣告非常流行，幾行字跑幾次，就有收入。可是好景不常，經濟衰退，政府管制，地方廣告的全勝時期已過，成不了大氣候。

系統的地方廣告在哪裏播出？除了地區頻道之外，當然是在全國性的衛星頻道，這就是所謂的廣告插播。早期是亂插，不管正在播出的是節目或是廣告，硬生生地將廣告插了進來，毫無章法可言。後來則是所謂的廣告蓋台，專門在衛星頻道的廣告時段播出地方廣告，或是招攬地方廣告的廣告，蓋住了衛星頻道對廣告客户收費的全國性廣告。

廣告蓋台是廣告客户對頻道業者的重大抱怨，也是一大亂象。明明是付了錢的廣告，也從頻道播出了，可是從衛星下來到了地方的有線電視系統，卻在機房被攔截，蓋上了當地的地區性廣告。觀眾看不到原本的廣告，廣告費當然也是白花。而系統業者蓋台的理論基礎，一說是既已付出了購買頻道的授權費，頻道就不應再利用廣告賺第二

次的錢。二說是付錢買來的頻道，系統當然有權利以其生財。事實上，對系統收取的授權費僅是頻道營收的小部分，廣告收入才是主力，總體來說後者是前者的一倍。

某些頻道為了安撫系統通路業者，依循國外成規，每個小時無償開放一分鐘，由系統業者自由運用，通常是第五十九分至六十分。這種多由外商頻道採用的做法，對系統來說雖是善意，但守規矩的系統卻不多，廣告量少的時候還可以配合，若是廣告量多，那也沒什麼客氣，一分、三分、五分照蓋不誤。

九〇年代，有人發明了「廣告買回」的做法，依個別系統的戶數，頻道付費予系統買回廣告時段，系統則不再自行插播地方廣告。對頻道業者而言，「買回」其實是「贖回」，花錢消災了事。對系統業者而言，廣告買回的收入等於是購買頻道的折扣，另一方面也少了自行經營廣告的開銷。在地方廣告大不易之際，有保證的收入當然是絕妙好事。

生財之道

系統的頻道編排是一門學問。對多系統聯營的業者來說，情況稍為簡單，主要是照著中央總公司所交代下來的頻道表播出。雖有自由運用的空間，但一般不大，約是個位數的頻道位置，賣給購物頻道或股票解盤而已。有時也有少數的頻道業者不在集團的統一採購之列，願意付出「上架費」以換取播出的機會。美國也有這種付費上頻的情況，不過多是新頻道上市初期的做法。

不屬於聯營集團的獨立系統則比較複雜，老闆的個人意志與經營理念是關鍵。除了不需照表操課，頻道的播出與否，或是「上架費」的高低，完全由老闆做主。頻道的位置，就像是零售通路的陳列架，是廣告買回之外，系統的另一項收入。

當然，系統的主要收入還是對收視用戶所收取的月費。台灣的市場到底有多大，從上一世紀到新的世紀，仍然是一大問號，有好幾個數字可以參考。首先，依一般國內外民間公司的統計，台灣有線電視的普及率超過八成，以全台灣六百萬個電視家庭換算，約是五百萬戶。但是依新聞局的官方資料，這個數字掉到了三百七十萬戶，普及率是六成八，而且台灣的電視總戶數變成五百五十萬戶，而非六百萬。最後，如果市場的核心資料最可信的話，九十一年台灣有線電視的計價戶數是三百五十萬戶，普及率依新聞局的電視家庭計算是六成三。

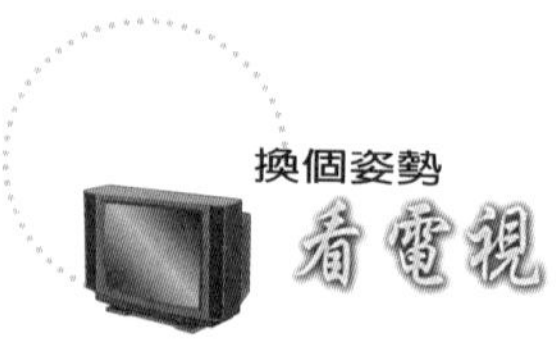

有這麼多不同的數字，主要原因是長期以來系統的戶數是個謎，是猜測，是謊言，是非標準化。首先，一棟大樓幾十戶，有些系統照實際住戶計算，有些則是僅算一戶。為什麼？一個社區如果由管理委員會統一與系統簽約，那就有可能算是一戶，收一筆大費用，這與個別系統的內部管理精準度有關。整個社區集體簽約，通常有折扣，其平均單價應低於一般個體收視戶。其次，系統購買頻道以戶數為依據，為了節省開銷，長期以來系統業者與頻道商之間一直勾心鬥角，前者以多報少，後者則千方百計想要把數字往上加，以致簽約戶數始終是用喊的、用猜的、用騙的。同樣的邏輯適用於上報給政府的數字，低報絕對不會錯。

最後，偷接戶是台灣系統經營者的心痛，簡單的偷接技術，使得少則一成五、多則三成的有線收視戶不用付費。偷接大約有兩種形

式，一是單打獨鬥的個別偷，神不知鬼不覺，從外部線路自行接進室內。二是有福同享的集體偷，一棟樓內的其中一戶正式付費給系統，然後再私下分接給同樓內的鄰居，大家分擔費用。九〇年代，系統業者推出的數位有線電視，動機之一就是要解決偷接的問題。數位電視有數位、有壓縮，用戶要看電視一定要有額外的數位解壓機上盒，而這種機上盒在系統的頭端機房登記有案，就像是上網的帳號一樣，必須由系統開機核准後才能正常收視。偷接戶由於沒有這種設備，自然無法偷看，想繼續收視就只有乖乖付錢，白吃的午餐因而停止供應。兩成的偷接戶一旦曝光，系統業者就多兩成收入，全台灣一年是幾十億的額外進帳。

綜合來看，五百萬戶因偷接打個八折，以多報少的三百五十萬戶往上修正一些，推測台灣四百萬個有線電視戶應不至於離譜。如果保

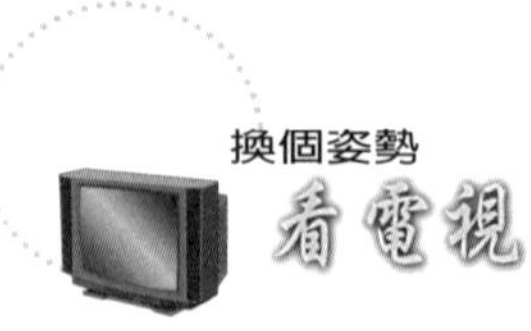

守估計，平均每月收費五百元，整體市場規模每年約是兩百四十億，這是系統最大宗的收入，也是有線電視相關產業五百億中最大的一支。五百元月費除以八十個頻道，每個頻道平均每月的花費約是六塊錢。如果扣除一些購物、股市解盤等頻道，以七十個有效頻道計算，平均每月的代價是七元。

目前依政府法令，對訂户的收費審核是該區地方政府的權責。許多業者都希望由中央統一規定，因為想像中新聞局的態度似乎比較開放、寬鬆與宏觀，業者可以多收一些錢。不過直至九十一年底，有關修法的工程還在草創階段，仍是未知數。自八十九年以來，地方政府對系統收費的設定標準沒有太大的變動，每月六百元是中央訂的上限，包括台中市、屏東縣、南投縣、雲林縣、嘉義縣市、台南縣、花蓮縣、澎湖、金門等均無異議以上限為準。其他多是五百到六百之間，首善的台北市每月五百五，算是低標準，比一河之隔的台北縣少十元。高雄市更低，每月五百元整，除了極少數的偏遠地區，高雄市堪稱全台灣最廉價的有線電視市場。

或許美國的例子可以參考。時代華納的有線系統，分級收費行之有年，二〇〇二年在加州的最低門檻約是美金十二元，收看二十二個頻道，其中大多數是地區性的無線電視台，平均每個頻道台幣十九元。往上一級的代價是四十美元，多出五十一個頻道，包含大部分的主流有線電視頻道，平均每個頻道的單價仍是台幣十九元。再往上升級，加上了數位有線頻道，畫質與音質都比傳統類比的訊號為佳，每個月的代價是美金五十五元，含收視費及設備租金，頻道總數為一百一十六個電視頻道，以及五十個音樂廣播頻道，平均每個電視頻道的收視代價約為台幣十六元。

愛看電影的觀眾，還可往上加碼。每月多付美金十一元左右，又有八到十個電影頻道，至多可以收看三十四個電影頻道，代價是美金二十九元。一整套下來一百五十個頻道，每月美金八十五元，約合台幣三千元，平均每頻道二十元台幣。不要以為頻道的平均代價是無謂的比較，美國的政府、有線業者、消費團體之間，也是以這樣的數字來討論有線系統的相關收費問題。

很明顯地，台灣的收視費便宜許多，不過以節目製作成本、內容品質與生活水準及收入來衡量，價格高低之間有其邏輯可循。美國八〇年代末期以廣告營收為主的有線電視網，節目製作的總投資約是四十億美金，單是ESPN美式足球NFL的成本即是六億，NBA職業籃球更接近九億。Discovery或是國家地理頻道的單集製作成本差不多是一百萬美金，特別一點的可高達四百萬美金一集。此外，戲劇的成本更是

驚人，所以從無線電視網下檔的節目，有線電視的重播權利金可高達每集八、九十萬美金，有些如「急診室的春天」（ER）更有百萬的身價。美國無線電視的節目製作預算本來就是高得嚇人，例如曾在大地頻道首播、九〇年代在東風台播出的「六人行」（Friends），第十季，也是最新與最後的一季，每集的製作成本是一千萬美金，六個男女主角每人分走一百萬。這也難怪無線節目到了有線電視重播，身價依然居高不下。不過這類西洋影集在台灣卻是愈來愈沒行情、沒市場。「六人行」的台灣有線電視賣價，大約每集僅有兩、三千美金，兩年有播出好幾次的權利。

相較之下，台灣有線電視頻道的節目投資可說是九牛一毛，九〇年代最具規模的有線台，一年的成本開銷也不過五、六億，而其他多數頻道的成本都非常低，一、兩億左右，或是更低的比比皆是。所以

台灣的收費是相對的貴還是便宜，真的很難說，不過絕對的數字上確實低許多。可是很多台灣人每月付出的電話費、手機費或是寬頻上網的費用，均比有線電視為多，這樣比起來，高低又怎麼說？

生財無道

現行台灣的收費上限六百元，是新聞局於八十九年拍板定案，交由地方政府審核實際費率。多年來上限如何產生，除了參考其他國家的例子，與估計系統的盈虧狀況，還根據市場行情。台灣有線電視從社區共同天線到第四台，到八〇年代合法後的播送系統與有線電視系統，一般最高的收費大約就是六百元。也許曾有更高的數字，不過均是少數中的少數。如果系統業者想要突破六百元的限制，必須向地方政府申請核准，但是連中央都如此規定，那有地方政府甘願面對得罪選民的風險。

所以六百元是大趨勢，如果有線系統維持現有的網路等級，如此的收費應屬合理，業者也有相當的利潤空間。問題是為了提升競爭力，為了面對寬頻的挑戰，現行的網路勢必需要相當程度的重建。據估計，一個系統若要從單向升級為雙向，建設成本需要五至十億，依系統規模大小而定。長期的建設回收與短期的現成利潤，是系統業者的考慮重心。大集團公司有寬頻、電信、數位電視等長遠規劃，加上有相對雄厚的資金、銀行貸款與外來投資，當然比較願意放棄短期思維，採取中長程的戰略佈署。可是相對規模較小的系統、收費較低的系統、缺乏競爭的系統，自然眼下重於未來。

九〇年代初期，政府曾經推動分級收費，一方面是追隨使用者付

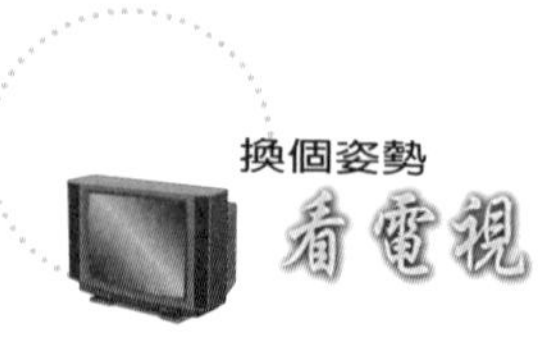

費的觀念，看的多收費高，看的少收費低，另一方面也是想透過分級制度以突破現行僵化的收費制度。可是推動的結果卻是雷大雨小，不了了之。原因很複雜，首先是頻道業者的反彈，他們不滿意新聞局的規劃版本，也就是三級的收費階層。前兩級是所謂的基本頻道，收費依頻道數的多寡而有所不同。問題出在收費的高低不同，會影響觀眾的購買意願，現行大多數依賴廣告收入甚深的頻道，都希望位於最低階的一級，以求極大化的普及率，可是有些頻道卻被分派到收費較高的第二級。另外，訂戶率也關乎頻道對系統的授權收費，可想而知兩個數字一定成正比，最低一級收費最低，其頻道的普及率應該最高。但是弔詭的是，收費最低的一階對系統收入的貢獻度最小，儘管訂戶數最多，系統也不願意付錢給頻道，頻道收入自然打折扣。至於在第二級的頻道，由於普及率變小，除了對廣告經營有負面影響，對系統的授權收入也會相對降低。

其次，新聞局尚有付費頻道的設計，這類頻道含HBO、CINEMAX等電影頻道，依規劃它們不得對系統業者收取授權費用，亦不得播出商業廣告，改採依個別訂戶數與系統分享收視費。這些所謂的付費頻道原本在六百元的包裹中，有既定的收入，可是一旦升格為付費頻道，立刻變成單打獨鬥，除了收入不確定，必須與系統拆帳之外，大筆的行銷宣傳費用勢不可免。對一般消費者而言，額外付費感覺上等於是變相漲價，自然也反對。

然而推行分級收費的成敗關鍵仍然是設備問題，每個訂戶必須加裝俗稱「機上盒」或「機頂盒」的黑盒子（set-top box），一個價值三到六千元，誰來付擔？不論對系統業者，或一般的消費者，都是壓力，都希望自己不要出錢。台北縣中永和「新視波」系統在九十一年年底推動的數位電視，消費者必須付出一千五百元的押金，其餘由業者自行吸收。該系統的母公司是和信中嘉，有來自外商八十億台幣的投資，或許才有如此的手筆，其他的系統若要推行數位化，不知有沒有如此的氣魄。何況「新視波」帶有些許的實驗色彩，限於中永和區域，若是全面推動，那需要多少的資金，需要多深的口袋？以致業者不論大小，均是費盡巧思，設計各式方案，引誘收視户出錢購買黑盒子，以降低自己的資金付擔。問題是，收視户花錢，到底可以買到什麼？如果說分級收費的關鍵是硬體的推廣，那麼硬體推廣的關鍵肯定是市場，是軟體，是內容。

所以，不論是網路升級，或是分級收費，都需要資金。政府對於系統收費的上限管制，無異是整體有線電視改造的一大變數。中央之外，地方政府是有線電視的父母官，管的事更多。譬如系統業者若要

使用路邊的下水道、水溝，必須得到批准，有些地區還要付費租用。在地方政府普遍缺錢的情形下，漲價的呼聲一聲比一聲高，從每公尺一元到三元。不過有些地區的發展政策是推動寬頻城市，所以不收費。可見地方政府一方面握有費率的生殺大權，又擁有網路建設的路權，他們的態度也是變數。

最後，收費管制影響所及，也間接波及頻道業者。因為系統市場的呆滯，導致頻道收入的成長限於廣告，一旦碰上經濟不景氣，廣告市場首先萎縮，節目的投資應聲下降，品質自然不保。

生財有道

為了增加收入，和信、東森、卡來爾、太平洋等多系統聯營集

團，在九十一年均積極準備推出所謂的數位有線電視服務。這類服務的極致，就是多年前業界人士所描繪的五百個頻道的寬頻世界。傳統電視的數位化，還有上網與電話telephony等附加功能，十足的資訊高速公路。九〇年代初期，美國最大的有線系統聯營集團AT&T，寬頻的發展最具規模，其電話公司的背景當然是主因。在超過一千三百萬戶的訂戶中，已有百分之三十的基本數位普及率。電話等其他功能的用戶則減少許多，普及率僅約百分之十六，但已遙遙領先其他還在試驗階段的競爭對手。

數位電視與頻道壓縮是一體兩面，應用在衛星傳輸上，一個傳統類比的電視頻寬，可以轉播六個數位電視頻道，這也是八〇年代衛星傳輸大幅降價的主因。以致過去透過錄影帶傳送播出的台灣有線頻道，八十四年一夕之間都升格成為衛星傳輸的電視頻道。相同地，運用在地面的有線電視系統，壓縮的比例也是一樣，原本可以容納八十個頻道的網路頻寬，可以提升為接近五百個頻道。

台灣在數位化的轉型過渡期，由於必須同時兼顧傳統的類比訊號，所以多是在現有的頻寬中，壓縮五個傳統頻道，也就是新增三十個數位頻道的空間，以提供新型的服務與節目。而現有的電視頻道在透過數位化之後，雖然家用的電視機仍是傳統的類比機型，但是由於數位訊號在傳輸上比較不容易損耗，其畫質與音質均優於過去。然而問題存在，數位電視需要數位機上盒。這一方面，美國幾家主要的家電業者已與有線系統業者達成初步協議，未來所有在美國銷售的電視機，必須內建有線電視的轉接器，也就是機上盒與電視機一體成型。這是一項重大的突破，也是兩種業者間難得的一致性，對於快速推廣機上盒有莫大的助益。此外，美國聯邦傳播委員會也在九十一年八月硬性規定，自二〇〇四年七月起的三年內，由三十六吋以上的電視機逐步開始，所有在美國上市的電視機必須內建數位調諧器。換句話說，二〇〇七年七月後的美國，再也買不到單純舊式的類比電視機。

反觀台灣，九十一年堪稱數位電視元年，數位無線電視試播，數位有線電視開始營業，而後者的生意經已經很清晰。依新聞局八十九年的規定，如果將現有頻道採分級收費，其收費總合也不得超過六百元，所以對數位業者來說，必須增加新頻道或是新服務，才能提升收入。不過數位有線電視的內容與費率也需要中央與地方政府的核准，截至九十一年底，新聞局雖然通過了幾個新增的付費頻道，但收費標準仍未拍板，仍需要地方政府的參與才能定案。因此和信集團在中永和「新視波」的數位電視，初期僅收取硬體機上盒的押金一千五百元。透過這項數位服務，觀眾可以免費欣賞幾個國外的頻道，包括

Channel V國際台、TVB8、Adventure One、Voyage，以及台灣的宗教頻道「大愛TV」等。其中比較有特色的一個頻道是交通頻道，觀眾可以透過台北縣幾個聯外橋樑的監視錄影畫面，即時瞭解當地的車流狀況。而「電視電腦化」是下一步的計畫，股票下單、預購電影票等傳統的線上服務也呼之欲出。

免費頻道是過渡時期的行銷工具，極短期的目標是推廣數位機上盒，中長期還是要以付費性質的頻道與服務來增加收入，包括規劃中的幾個成人頻道與英語教學頻道等。其實這就是一種分級收費的有線電視，只不過不影響現行的收視費率與頻道安排，而是六百元之後的額外內容。等到硬體的普及到了一定的程度，才有可能將現有的頻道分級分類，推行全面的分級收費。現階段，由於數位機上盒的推廣難度高，多數業者的計畫是採雙軌制，即一方面維持原有的類比頻道，另一方面逐步推廣數位服務。沒有人敢冒然嘗試全面的數位化。

為了播出這些額外的頻道，「新視波」壓縮了三個低頻及兩個中頻的空間，以致原來位於這些頻寬的非凡、中天資訊，以及Much TV等五個頻道，在傳統類比訊號中消失，觀眾必須擁有數位機上盒才能繼續收視。除了這五個頻道以及新增的數位頻道，「新視波」也利用剩餘的壓縮頻寬，播出其他部分既有的有線電視台，讓數位觀眾得以比較傳統類比與數位訊號之間的優劣。

其實早在九十一年中期，中部的有線系統即已推出數位服務。根據市場資料，訂户以每月幾百元的費用，收看大約十個電視頻道，包括HBO2、CINEMAX、教育頻道、兩個國外的旅遊頻道、法國的流行時尚頻道Fashion TV、美國兒童頻道的第一品牌Nickelodeon、澳洲、韓國、德國等頻道，以及六個成人情色頻道，加上十數個有線音樂廣播。由於政府尚未核准數位電視，這些電視內容有時是與有線上網合併推廣，以硬體月租費的名義向訂戶收費，而非付費頻道。試驗推廣半年餘，據稱已有幾千户家庭加入了數位電視的先進隊伍，相信成人頻道是銷售的主力。

東森集團所規劃的數位電視也差不多，音樂廣播台、免費台、付費的成人情色頻道等，與其他的業者類似。最具特色的是，東森還計劃推出一系列的教學頻道，如兒童英語、女性學苑、戲曲歌仔戲等，還有高爾夫頻道，以期吸引金字塔中上層的觀眾。

這類數位服務之中，內容業者與有線系統平台業者之間的交易，多採拆帳制，也就是由訂户收取的額外費用，由兩者依比例分享利潤。不過硬體機上盒的成本，是由系統業者獨立承擔。

除了數位電視之外，系統的生財之道還有有線寬頻上網。不過東森及和信推行了好幾年，訂戶的成長有限，加起來幾十萬戶，除了少數地區之外，大體比不上中華電信ADSL的競爭。壞消息不僅於此，九十一年年底，中華電信原本準備推出試驗性質的多媒體隨選服務（Multimedia on Demand），讓觀眾以計次付費的方式收看影視內容。計畫中，中華電信希望購買下檔不久的院線電影，不過電影廠商不同意這項要求，因為此舉除了對有線電視的數位服務是一項挑戰，甚至對錄影光碟出租業者也是強大的競爭。到了聖誕節的最後關頭，這項實驗被新聞局推翻，理由是依有線廣播電視法，中華電信必須申請有線電視的系統執照。

台灣的電信產業歸交通部管轄，法源是電信法，而有線電視歸新聞局管轄，法源是有線廣播電視法。比較起來，前者傾向開放，後者則是管理，除了中央的管理，尚有地方政府的參與，而這正是數位有線電視業者一直抱怨的重點，即不公平的競爭。不論是收費標準、市場占有率的限制，或是新型態服務的推出，電信業的自由度都高出許多。政府雖然有意將電視的法規整合，由類似美國聯邦傳播委員會（Federal Communication Committee, FCC）的單位統一管理，不過這項工程茲事體大，包括所謂「廣電三法」的併整，電信與電視業之間互動競爭遊戲規則的建立，依立法與行政部門過去的記錄，無法想像牛步要如何加速。

身為通路，有線電視不僅是頭端機房通往家庭，或是節目與廣告通往觀眾，它也是台灣通往數位寬頻的通路。九〇年代有些像是七〇年代，新科技、新媒體、新傳播、新載具、新平台與新挑戰開始在台灣醞釀。前一次，業者與民眾走在前頭，看看這一次誰跟在後面。而不論之前或之後，內容都是關鍵。

第八話

苦悶的電視：換個姿勢再看一次？

到了最後一話，還是有話。雖然台灣電視自五十一年來的四十年，歷經了許多變化，基本的三個典型，娛樂、競爭、寡占，卻是不變的事實。它們代表電視業者的經營理念、策略與模式，也是一般民眾電視生活的全部。觀眾享受娛樂，促成競爭，容許寡占。

電視消費者是全體消費者中最弱勢的一群，被動接受是最好的形容詞。平面媒體的投書，對政府部門與消費團體的零星抗議，以及少數學者專家的監督，是電視消費者除了主動轉台之外，唯一比較有自主意識的表達。一瓶飲料內若是有異物，會被新聞媒體大書特書，可是一個有問題的電視畫面，甚至一個有問題的電視節目，卻少有持續的討論與監督。九十一年，一個專門繪聲繪影、八卦名人隱私的有線電視節目，在譴責聲中收場，但是結束的主因據聞卻是得罪了大人物，而非沉默的大眾。「謝謝收看」真是應該謝，因為觀眾看的很多，就像過去受新聞局指示停播的「台灣紅不讓」，收視率還真的很高，有到九的紀錄。報紙的影劇版是電視的樂園，大家搶著上。社會版是電視的失樂園，有人要下台鞠躬。若是真的前進到要聞版，那是海濱樂園，肯定很鹹濕。

電視是強勢媒體，看電視是最常從事的休閒活動，這是民眾在不同媒體間所做出的選擇。九十一年的資料，民眾平均一天花一小時閱讀，卻有兩小時在看電視。電視是最強勢的新聞、資訊與娛樂來源，這是觀眾付予電視的光環。電視身為一個聲光影像的媒體，除了超越其他形式的傳播工具，它的強勢還包括是一個難以撼動的社會機構。就像家庭、學校、醫院、政府、監獄等體制機構一樣，對於它們的社會需求被複製再複製，循環複製的結果是「理所當然」，「本來就是這樣」，「不需要問為什麼」。

傳播名家麥克魯漢曾說過「媒體就是訊息」(The medium is the message.)，不論電視是冷是熱，它最清楚的訊息是「你們需要我，不能沒有我，別想消滅我」。電視是大眾社會中資訊傳播的主要管道，傳播理論中所謂的「涵化理論」、「創新傳佈」、「議題設定」、「沉默螺旋」等，都多少意味著媒體有能力形塑主流意見、共識氛圍、價值觀、世界觀等等的認知。換句話說，媒體創造民意、代表民意，又等同於民意，這也正是第四權的理論基礎。所以，一般社會機構尚需通過媒體的檢驗，媒體本身卻由於其特殊的地位，大部分只能依靠自己的反省，只不過它的自我對話，訊息中少有「你可以改革我」。電視是家庭生活的重點，電視機不論放在任何房間，都有一個唯我獨尊、綜覽全局的位置，像是課堂內的老師，或是圓形監獄的核心，主宰著脖子上下的活動。

兩個猶豫

台灣如果有電視政策的話，第一個就是管制的商業化，主要是內容的管制與依賴廣告收入的商業經營模式。商業需要開放，管制卻是背道而馳，所以管制與開放是政府面對電視的第一個猶豫。從無線電視四十年歷史，有線電視二十年進程，以及即將發展的數位電視，都有猶豫的痕跡。

管制的理論基礎很單純。無線電視利用共眾所有的稀少電波資源，有線電視利用地面行道建設線纜網路，自然政府有公權力插手介入，而兩者均以執照做為管理工具。簡單地說，這是一種特許的制度，也就是以接受管制交換經營特權的一種制度。特權之所以搶手，因為可以營利，因為競爭者的數量有限制。接受管制是相對付出的代價，包括隨之而來的各種義務，譬如有線電視系統必須提撥營業額的一定比例資助地方政府與公共電視。

無線電視的執照以兩年為一期，期期審核，期期通過，從開始即是形式而已。有線電視系統的執照壽命為九年，大約到九十五年才會有第一批到期，如何審核，不得而知，猜想與無線電視差不多。有線電視的頻道管制，形式上也需要政府的審核批准，但是除了少數有政治考量的電視台之外，幾乎是有審即准，只要申請必定通過。有線電視頻道不使用公共資源，缺乏管制的理論基礎，開放是當然的政策選擇。

整個台灣的政經社會環境，從七〇年代開始即朝著開放的大方向邁進。由於政治的成功衝撞，媒體是突圍的第二波，八〇年代電視是

最後一根稻草。可是在從全面管制到全面開放之間，政府部門經常有許多猶豫，經常在尋找平衡點。

舉個例子，商業電視的主要收入來源是廣告，廣告時間的長度，政府是否應該插手，還是留待市場的機制與競爭發揮作用。政府要管，就會有廣告超秒的問題與懲罰，可是業者如果真的生意好，也不在乎超秒的罰款，何況不一定會被抓包。假設政府不管，業者一切自由，廣告長短更是競爭的一種手段。長時間的廣告，觀眾自然受不了，收視率肯定下滑。然而廣告時間縮短，銷售能量也相對減少，縱使收視率再高，也可能不敷成本。到最後，也許會變成各家電視台各顯神通的局面，各個時段的長短不一，周間與周末也不相同，賣價則有更大的伸縮彈性，一切由市場競爭決定。所謂市場，就是廣告主與觀眾，前者可以與電視台面對面的直接談判，可是觀眾怎麼辦？除了以轉台表達贊同或抗議，就只有默默地被教育、被習慣。有這樣的顧慮，政府應該全部放手嗎？管制與開放之間，是應該猶豫。

八〇年代，第二個猶豫新登場，在公共與商業之間擺盪，是公共化與商業化之間程度上的拉距戰。其實商業化是台灣電視的總體典型，娛樂、競爭、寡占是三個副典型。八十七年開播的公共電視台是一個反轉，九〇年代商業無線電視的公共化呼聲是另一個大逆轉，兩者均是在全面商業化之外，尋找一條公共化的新路。所以，現在的問題不是要消滅商業電視，事實上也不可能，而是台灣電視公共化的程度。具體的選項是台灣需要多少家的公共電視台？一家夠不夠？兩家、三家夠不夠？全部五家無線電視台均公共化夠不夠？

有人認為台視的公共化最可行，它與公視合併後，分別成為公視第一及第二台，台視繼續以商業廣告營利，公視則維持原有的經營方式，兩者互通有無，互補長短。但是如果公共化的本意就是要拋棄商業化的弊病，那為何要保留台視的商業模式。經營商業廣告，免不了追求娛樂的最大眾，那台視何來公共化？如果只是為了公共電視尋找財源，那又何必張揚如此的大旗？如果一個公共電視台不足夠，除了應該考慮數量問題之外，是否也應檢討現行的公共電視台是否營運失當，以致不能滿足公共的需求？如果第一家營運良好，或許不需要第二家，或許也可做為以後各家的模範。但是如果第一家不良，第二家也未必會好。

分眾也要極大化

許多人認為電視是大眾媒體，這應是針對傳統的無線電視而言。

相同地，許多人也認為有線電視是分眾媒體，因為它的多頻道能量，可以分散目標觀眾。由此觀之，台灣的有線電視有八十個頻道，各式各樣的內容都有，就連所謂的綜合台都播出五花八門的節目，讓觀眾各取所需，的確內含分眾的基本個性。無線電視也大致相同，除了具備瞄準極大化觀眾的連續劇與綜藝節目，也有特別取悅兒童的卡通。而像無線的公共電視，它的目標觀眾更不是大眾，相反地是小眾，特別是弱勢的小眾。

所以現代大眾媒體傳播的概念，主要是相對於過去無法觸及大量群眾的傳播方式而言，譬如傳單、擴音器、電話、演講、談話等。而由大眾而來的分眾與小眾，也就是母體中的部分，雖然它們的群眾規模比母體小，但仍大過其他形式的媒體傳播。換句話說，不論分眾或小眾，仍是大眾傳播。

事實上，分眾是大眾的切割，前者是市場的概念，後者是傳播的術語。不論是以年齡、職業、學歷、收入或居住區域劃分後的族群，都是大眾母體的一部分，都是消費者。以廣告營利的商業電視，包括無線與有線，儘管有目標觀眾的區隔，仍然追求觀眾數字的極大化。所以戲劇、新聞與綜藝是無線電視的主力節目，綜合台、新聞台、戲劇台、電影台是有線電視的主流頻道，都是以大規模的電視消費者為追求標準。這些節目與頻道屬性，是大眾母體與分眾消費者的最大公約數，男女老幼都是潛在觀眾。

台灣電視既然有分眾性格的節目與頻道，那麼有沒有足以存活的分眾市場呢？以運動頻道為例，歷史悠久的緯來體育台是一個可以獲利的頻道，其最紅的節目職棒與職撞，仍然在眾多分眾的運動項目中，選擇了一條最大眾的路。東森幼幼台的目標觀眾是學齡前的幼童

及他們的父母，內容區隔很清楚，觀眾的消費意願與能力也很清楚，經營起來有聲有色，廣告收入雖然比不上主流頻道，但以成本看也還不錯。相對地，分眾的音樂台就比較辛苦，一方面不被系統業者重視，所以頻道位置不佳，另外收視率始終無法提升，廣告收入自然難有突破。八、九〇年代唱片業因盜版等所導致的不景氣，更是雪上加霜。所以分眾市場的經營難易度不同，分眾電視頻道的獲利能力也不一樣。以數人頭為準的商業電視，儘管分眾，也要數量極大化的分眾，或是消費力極大化的分眾。追求數量造成追逐市場，中國大陸的吸引力在此。追求消費力，所以青少年愈來愈值錢。

也有人說無線電視是全國性的媒體，有線電視是地區性的媒體，因為後者因地制宜，有經營區域上的特許與限制，其實這也是一種分眾。然而除了地緣因素之外，台灣有線電視的系統與頻道談不上任何的地方個性。九十一年北高市長的選舉廣告，用的是全國性的頻道。地方的展覽活動，用的也是全國性的電視廣告。除了有線系統所經營的地方頻道之外，台灣可以說沒有地區性的電視媒體，而與全國性的頻道相比，系統的地方頻道又弱勢許多。

分眾媒體，或者是分眾的電視，其經營困難的主因，是台灣市場的規模偏小。若是真的有利可圖，第二個問題就是競爭者眾，粥少僧多。就算沒有惡性競爭，也有割喉競爭。

科技拇指，市場的手

一九四〇年代，電視出現，有人即論斷它會取代電影。一九七〇年代，有線電視問世，有人也說無線電視恐怕不保。一九九〇年代，網路大風行，有人開始為平面媒體擔心。過去的預言，到新的世紀無一實現，或許新舊媒體傳播之間互有競爭、互有消長，但是現代大眾媒體超過百年的歷史，從來不支持對於舊媒體的絕對悲觀，或是對於新媒體的絕對樂觀。

這種科技決定論的說法，由來已久，有其真實性。就像蒸氣機之於工業革命，電腦之於資訊革命，科技確實有改變歷史、社會與人文的威力。不過任何科技仍需通過市場的檢驗，也就是行銷、競爭與消費。台灣的有線電視能在短時間內快速普及，而日本卻不行，可見有線電視的競爭力是新科技的關卡。另外，台灣的衛星直播電視無法存活，而美國卻可有接近百分之二十的普及率，可見消費者的選擇是新科技的仲裁。八〇年代中期，台灣的電視頻道紛紛改以衛星傳播，價格的下降是主因，而衛星價格之所以下降是因為數位壓縮的成熟。九

○年代的台灣，部分偏遠地區如宜蘭，其有線電視寬頻上網（cable modem）的前景看好，甚至超越有距離限制的ADSL，這都是科技之間的市場競爭力。

沒錯，科技可以決定傳播形式，不過市場更重要。科技可以影響價格，左右競爭，但價格與競爭直接主導市場。誠如杜拉克所說，資訊革命其實是知識革命。電腦是科技，知識卻是市場。市場超越科技，就像杜拉克提到「拉鏈」的例子，它的發明不是用在服裝上，而是港口封裝貨物的袋子。美國傳播學者回顧大眾媒體歷史，稱科技決定論是科技謬誤，有其道理。事實上，比較中庸的看法，兩者像是一隻手的五根指頭，科技是大拇指，市場是其他四指，前者具有關鍵力量，後者則是握拳的主體。這樣的一隻手，讓我們可以握住滑鼠與電視遙控器。

科技上，台灣的數位有線電視已接近完全成熟，但是市場的檢驗對象是內容，正如消費者願意付費加裝ADSL，是因為有網際網路一樣。因為如此，台灣的有線電視公司在推動數位電視時，發展出「內容稱王」(Content is the king) 的口號。

但是，台灣的內容在那裏？數位電視有充足的媒體空間，問題是媒體要傳遞什麼訊息？美國有強勢的好萊塢工業，有全球數一數二的市場規模，台灣有什麼？韓國有什麼？日本有什麼？中國大陸有什麼？也許有一天，電視變得像現在的電腦，觀眾會上那裏的電視網站？而用電視上網會比較有趣、有效率嗎？相反地，用電腦看電視，會比較有料、有看頭嗎？如果有五百個頻道，傳統的「頻道」還會存在嗎？還是僅有節目？如果頻道沒了，電視台是否也沒了？廣告怎麼辦？廣告公司怎麼辦？廣告客户怎麼辦？「百視達」怎麼辦？收視率

8 苦悶的電視：換個姿勢再看一次？

調查怎麼辦？電視還是不是大眾媒體？還是一個有中央廚房連線的互動光碟機？一家人還要不要一起看電視？很會想像，還是不敢想像？這些事會不會很快發生，還是根本不會發生？要看我們活得多久？還是要看市場上的既得利益怎麼想、怎麼做？他們是不是夠強勢？他們想清楚了沒有？觀眾弄懂了沒有？想想所有科幻電影中所描述的未來電視，是不是都很苦悶？到了那一天，觀眾如果可以回到現在，是否還願意回到未來？

換個姿勢看電視？還是關掉電視，換個姿勢再想一次？

附錄

附錄一　台灣有線電視事件簿

八十年

衛視STAR TV開播

第四台與社區共同天線普及率25%

有線電視發展協進會成立

美國改良數位高畫質電視系統

政府核定「高畫質視訊工業發展方案」

第一次電視政治辯論，台視播出，李四端主持，章孝嚴VS謝長廷

《聯合報》民調，八成以上受訪者認為電視對社會有貢獻

立委建議新聞報導中可允許插播廣告

「馬蓋仙」紅透半邊天

二屆國代選舉，第一次電視競選政黨廣告

八十一年

公平交易法立法完成

美國對台提出301條款

開放中大耳朵衛星接收

無線三台雙語及立體聲播出

SHARP HDTV高解析電視機首賣

外商廣告公司市占率達六成

「連合會」以電波干擾華視新聞，凸顯國民黨壟斷電視媒體

文建會要求有線電視法中規定，系統必須播出四個文化頻道

台商首度在大陸中央台播出廣告

八十二年

有線電視法立法完成

有線電視節目播送系統暫行管理辦法完成

著作權法完成修法

TVBS開播

廣播頻率開放

華視八點檔「愛」首次國台語雙聲播出

八十三年

SRT/AC Nielsen個人收視記錄器啓用

有線電視普及率突破六成

MPEG2壓縮規格確立

政府開放第四套無線VHF頻道

229家業者提出有線系統籌設申請

HBO開播

Discovery開播

美國直播衛星Direct TV、USSB、Prime Star開播

「2100全民開講」首播

國慶日，李登輝總統尋找TVBS記者

首次省長及北高市長民選

八十四年

超視開播，首播「黃金傳奇」、「我們一家都是人」，並率先轉播職擅

傳訊電視中天、大地頻道開播，首播「非常娛樂」

迪士尼頻道開播

TNT卡通頻道開播

華衛頻道開播

國民黨博新頻道開播

MTV音樂頻道開播

非凡頻道開播

三立頻道上衛星，「八點大小聲」開播

三立二台開播，首播「完全娛樂」

力霸友聯U1、U2頻道開播

霹靂頻道開播，率先播出韓劇

真相新聞開播

聯登電影台（緯來電影台前身）開播

TVBS新聞台開播，提供整點新聞

春暉電影台開播

拉斯維加頻道開播

CNBC開播

衛視電影台開播

華娛頻道開播

第一家媒體購買公司「傳立」成立

李濤跳槽TVBS

首屆「最受歡迎有線頻道票選」—TVBS第一名

趙少康第一個電視節目「妙論大賣場」(衛視中文台)首播

TVBS、HBO頻道授權費大漲價

和信集團以十五億奪得中華職棒八至十年轉播權(原屬年代)

酒類廣告開放

八十五年

緯來日本台、西片電影台開播

探索頻道開播

滾石Rock TV開播

CINEMAX開播

衛視西片台開播

學者電視台開播

三立台灣台、綜藝台、都會台家族成立

力霸友聯(東森)取得職籃三年轉播權(原屬年代)

李豔秋跳槽TVBS,主持「顛覆新聞」

廖學廣與羅福助在TVBS當面對質

超視「總統的故事」（李登輝）連續劇播出

衛視中文台「七龍珠」卡通首播

緯來與傳訊聯手轉播瓊斯盃籃球賽

TVBS與大陸中央台聯手轉播奧運特輯

衛視中文台「名人三溫暖」開播

王浩、趙薇從TVBS跳槽東森

TVBS-G開播，「小燕Window」首播，百變主播陶子主持「娛樂新聞」

超視、衛視中文台搶播大陸劇「武則天」

新聞局完成六梯次有線電視系統籌設審核

首次總統民選，三台聯播就職慶祝晚會

八十六年

公共電視法立法完成

民視新聞台、無線台開播

日本數位電視開播

和信集團買進傳訊電視

衛視鳳凰台成立

《非凡周刊》上市

《TVBS周刊》上市

緯來體育台開播，轉播中華職棒

力霸友聯更名為東森電視

東森新聞台開播

Her TV（中天娛樂台前身）開播

米高梅（MGM Gold）黃金台開播

JET TV開播

環球電視台開播

國興衛視開始播出「電視冠軍」

職棒台灣大聯盟開打

李四端跳槽TVBS新聞台，主持「新聞百分百」

衛視中文台轉播柯受良飛越黃河

第一次有線與無線電視節目同時參加金鐘獎

有線電視TVBS-G第一次主辦金曲獎頒獎典禮

「反色情、反暴力」有線電視健康年

第一屆有線電視「金視獎」

台視「台灣變色龍」首播，創模擬劇高峰

行動電話開放

附錄一
台灣有線電視事件簿

八十七年

公共電視開播

三立SET電視台開播

AXN開播

佛光衛視開播

好消息頻道開播

交通部開放節目衛星中繼

基隆市「吉隆」取得第一張有線系統營運執照

試辦電視節目分級制度

國家地理頻道開播

衛視中文台首播「雍正王朝」

東森推出有線寬頻上網

民視八點檔「春天後母心」首次打敗老三台

修正公告「有線電視收視契約範本」

數位無線電視測試

八十八年

衛星廣播電視法立法完成

有線廣播電視法修法完成

開放有線電視與電信互跨經營

開放有線系統頭端之出租與出借

有線電視分級規範正式實施

有線電視普及率突破八成

中視股票上市

太平洋直播衛視開播

大愛電視開播

TVB8開播

GIGA超媒體在美股票上市

衛視西片台首播「南方四賤客」

第一屆安麗盃女子撞球賽

核發107張衛星廣播電視事業執照

九二一大地震

八十九年

限制級節目鎖碼播出

東森購物台開播

東森取得固網執照

東森卡通台轉型為東森幼幼台

八大戲劇台開播
三立綜藝台更名為台灣台
HBO斷訊
TVBS、東豐取得衛星電視執照
《明日報》成立
公視播出「人間四月天」
數位無線電視成立實驗台

九十年

「藍色生死戀」走紅，韓流盛行
「流星花園」走紅，本土偶像劇盛行
傳訊電視為道生集團收購，中天電視家族成立
三立「台灣阿誠」收視率全國冠軍
緯來戲劇台開播
東風衛視開播
中天與樂彩公司簽約，取得九十一年的樂透轉播權
納莉水災，中天電視淹水斷訊
有線寬頻上網超過二十萬户
東豐與太平洋衛視合併為TV Plus

九十一年

「明成皇后」、「女人天下」走紅，古裝韓劇盛行

台視八點檔播出韓劇「玻璃鞋」，創無線先例

新聞集團以八十億入股和信，成立中嘉網路公司

中永和「新視波」數位電視開播

時報集團併購中天電視

中天開始轉播樂透開獎實況，並取得九十二年的轉播權

ESPN／STAR Sports面臨斷訊危機

中天《勁報》停刊

東森併購超視

東森向銀行聯貸三十億

尼爾森收視率調查樣本突破1800戶

本土公司廣電人收視率調查開始，採日本規格的個人收視記錄器

中華電信ADSL訂戶超過一百五十萬，邁進兩百萬戶

台灣上網人口超過八百萬

X-Box上市

八大綜藝台更名為GTV第一台

衛視中文台由香港移至台灣上鏈

美國最大的直播衛星公司Direct TV售予EchoStar

美國最大的多系統聯營公司AT&T Broadband售予Comcast

新聞局研議廣電三法合併修正

新聞局研議無線電視公共化

新聞局評議擴大有線電視系統經營區域

中華職棒聯盟與台灣大聯盟研議合併，並於次年完成

華視八點檔「倚天屠龍記」開天窗

附錄二　全美最大的媒體集團

AOL TIME WARNER

總部：New York

2001營收：美金382億

主要產品與企業：Warner Brothers, TNT, CNN, HBO, America Online

VIVENDI UNIVERSAL

總部：Paris

2001營收：美金310億

主要產品與企業：Universal Studios, Universal Music, USA Networks

WALT DISNEY

總部：Burbank, CA

2001營收：美金253億

主要產品與企業：Disney, ABC

VIACOM

總部：New York

2001營收：美金232億

主要產品與企業：MTV, VH1, CBS, UPN, Paramount, Blockbuster, Showtime, BET, TNN, CMT

COMCAST

總部：Philadelphia

2001營收：美金191億

主要產品與企業：於2002併購AT&T Broadband，成為全美第一大有線電視多系統聯營公司，訂户數超過兩千萬

SONY

總部：Los Angles

2001營收：美金171億

主要產品與企業：PS2, Sony Pictures, Sony Music

NEWS CORP

總部：Sydney, Australia

2001營收：美金138億

主要產品與企業：Fox Network, 20th Century Fox, STAR TV, BSKY-B

HUGHES ELECTRONICS

總部：El Segundo, CA

2001營收：美金83億

主要產品與企業：PanAmSAT, Direct TV 於2002售予EchoSTAR

COX

總部：Atlanta

2001營收：美金80億

主要產品與企業：全美第五大有線電視多系統聯營業者，訂户數超過六百萬

附錄二 全美最大的媒體集團

CLEAR CHANNEL

總部：San Antonio, CA

2001營收：美金79億

主要產品與企業：全美1200家廣播電台，最大的户外的廣告媒體商

GANNET

總部：Arlington, VA

2001營收：美金63億

主要產品與企業：USA Today以及全美400家報紙

NBC

總部：New York

2001營收：美金58億

主要產品與企業：NBC Network

TRIBUNE

總部：Chicago

2001營收：美金53億

主要產品與企業：地方電視台

MCGRAW HILL

總部：New York

2001營收：美金47億

主要產品與企業：Business Week，教科書出版

CABLE VISION

總部：Woodbury, NY

2001營收：美金44億

主要產品與企業：全美第七大有現電視多系統聯營業者，超過三百萬訂户

CHARTER

總部：St. Louis

2001營收：美金41億

主要產品與企業：全每第四大有線電視多系統聯營業者，超過六百萬訂户

HEARST

總部：New York

2001營收：美金41億

主要產品與企業：投資ESPN20%，Lifetime50%，A&E37.5%

ECHOSTAR

總部：Littleton, Colo

2001營收：美金40億

主要產品與企業：2002併購Direct TV

ALDELPHIA

總部：Coudersport, PA

2001營收：美金36億

主要產品與企業：全每第六大有線電視多系統聯營業者，接近六百萬訂户

NEW YORK TIMES

總部：New York

2001營收：美金30億

主要產品與企業：*New York Times*報紙

DISCOVERY

總部：Bethesda, MD

2001營收：美金18億

主要產品與企業：Discovery Channel, The Leaning Channel, Animal Planet, Travel Channel

EW SCRIPPS

總部：Cincinnati

2001營收：美金15億

主要產品與企業：Fine Living有線頻道

BELO

總部：Dallas, TX

2001營收：美金14億

主要產品與企業：地方電視台

MEREDITH

總部：Des Moines, Iowa

2001營收：美金11億

主要產品與企業：*Better Homes and Gardens* 雜誌

附錄三　全美最大的衛星與有線電視業者

AT&T BROADBAND

2002訂戶數：13.2 million

2002數位電視普及率：30%

2002寬頻上網普及率：12%

2001營收：美金92億

2001平均每訂戶月收入：美金55元

www.attbroadband.com

P.S. 2002年底此公司為Comcast所併購

TIME WARNER CABLE

2002訂戶數：12.8 million

2002數位電視普及率：30%

2002寬頻上網普及率：20%

2001營收：美金70億

2001平均每訂戶月收入：美62金元

www.aoltimewarner.com

COMCAST CABLE COMMUNICATIONS

2002訂户數：8.5 million

2002數位電視普及率：23%

2002寬頻上網普及率：10%

2001營收：美金53億

2001平均每訂户月收入：60美金元

www.comcast.com

DIRECT TV

2002訂户數：10.7 million

2001營收：美金55億

2001平均每訂户月收入：美金56元

www.directv.com

P.S. 2002年底此公司為EchoStar所併購

CHARTER COMMUNICATIONS

2002訂户數：6.8 million

2002數位電視普及率：20%

2002寬頻上網普及率：9.5%

2001營收：美金41億

2001平均每訂户月收入：美金53元

www.charter.com

ECHOSTAR COMMUNICATIONS

2002訂户數：7.2 million

2001營收：美金40億

2001平均每訂户月收入：美金49元

www.dishnetwork.com

COX COMMUNICATIONS

2002訂户數：6.3 million

2002數位電視普及率：24.5%

2002寬頻上網普及率：10.7%

2001營收：40美金億

2001平均每訂户月收入：美金58元

www.cox.com

附錄三
全美最大的衛星與有限電視業者

ADELPHIA COMMUNICATIONS

2002訂戶數：5.8 million

2002數位電視普及率：40.5%

2002寬頻上網普及率：8.7%

2001營收：美金40億

2001平均每訂戶月收入：美金45元

www.adelphia.net

CABLEVISION SYSTEMS

2002訂戶數：3.0 million

2002數位電視普及率：3.5%

2002寬頻上網普及率：17.9%

2001營收：美金40億

2001平均每訂戶月收入：美金51元

www.cablevision.com

MEDIACOM

2002訂戶數：1.6 million

2002數位電視普及率：23.1%

2002寬頻上網普及率：8.1%

2001營收：美金8.4億

2001平均每訂户月收入：美金48元

www.mediacom.com

INSIGHT COMMUNICATIONS

2002訂户數：1.3 million

2002數位電視普及率：24.9%

2002寬頻上網普及率：5.4%

2001營收：美金7億

2001平均每訂户月收入：美金51元

www.insight-com.com

CABLE ONE

2002訂户數：0.7 million

2002數位電視普及率：33%

2002寬頻上網普及率：5%

2001營收：美金3.8億

2001平均每訂户月收入：美金43元

www.cableone.com

RCN

2002訂户數：0.5 million

2002數位電視普及率：40%

2002寬頻上網普及率：9%

2001營收：美金5.3億

2001平均每訂户月收入：美金70元

www.rcn.com

附錄四　全美最大的電視網及頻道

NBC

母公司：General Electric

節目內容：綜合娛樂

傳輸方式：無線電視

2000營收：美金47億

ABC

母公司：Walt Disney Co.

節目內容：綜合娛樂

傳輸方式：無線電視

2000營收：美金44億

CBS

母公司：Viacom Inc.

節目內容：綜合娛樂

傳輸方式：無線電視

2000營收：美金35億

QVC

母公司：Comcast & Liberty Media

節目內容：購物頻道

傳輸方式：有線電視

2000營收：美金33億

2001接收户數：76 million

ESPN

母公司：Walt Disney Co.

節目內容：運動

傳輸方式：有線電視

2000營收：美金21億

接收户數：79 million

FOX

母公司：News Corp

節目內容：綜合娛樂

傳輸方式：無線電視

2000營收：美金18億

HBO

母公司：Time Warner

節目內容：電影

傳輸方式：有線電視付費頻道

2000營收：美金17億

接收户數：26 million

HOME SHOPPING NETWORK

母公司：USA Networks

節目內容：購物

傳輸方式：有線電視

2000營收：美金15億

接收户數：52 million

TNT

母公司：Time Warner

節目內容：綜合娛樂
傳輸方式：有線電視
2000營收：美金12億
接收户數：77 million

NICKELODEON
母公司：Viacom
節目內容：兒童
傳輸方式：有線電視
2000營收：美金10億
接收户數：76 million

SHOWTIME
母公司：Viacom
節目內容：電影
傳輸方式：有線電視付費頻道
2000營收：美金8.6億
接收户數：14 million

TBS SUPERSTATION

母公司：Time Warner

節目內容：綜合娛樂

傳輸方式：有線電視

2000營收：美金8億

接收户數：78 million

USA NETWORK

母公司：USA Networks Inc.

節目內容：綜合娛樂

傳輸方式：有線電視

2000營收：美金8億

接收户數：78 million

CNN

母公司：Time Warner

節目內容：新聞

傳輸方式：有線電視

2000營收：美金7.8億

接收户數：78 million

MTV MUSIC TELEVISION

母公司：Viacom

節目內容：音樂

傳輸方式：有線電視

2000營收：美金7.3億

接收户數：73 million

FOX SPORTS NET

母公司：Fox Entertainment

節目內容：運動

傳輸方式：有線電視

2000營收：美金5.9億

接收户數：70 million

DISCOVERY CHANNEL

母公司：Discovery Communications

節目內容：知識性

傳輸方式：有線電視
2000營收：美金5.7億
接收户數：82 million

DISNEY CHANNEL
母公司：Walt Disney Co.
節目內容：家庭娛樂
傳輸方式：有線電視
2000營收：美金5.8億
接收户數：57 million

LIFETIME
母公司：Disney & Hearst
節目內容：女性綜合娛樂
傳輸方式：有線電視
2000營收：美金5.5億
接收户數：80 million

附錄四
全美最大的電視網及頻道

A&E (Arts and Entertainment)

母公司：ABC, NBC, Hearst

節目內容：戲劇，電影，記錄片

傳輸方式：有線電視

2000營收：美金5.2億

接收户數：77 million

CNBC

母公司：General Electric

節目內容：財經新聞

傳輸方式：有線電視

2000營收：美金5.2億

接收户數：71 million

UNIVISION

母公司：Univision Communications Inc.

節目內容：西語綜合娛樂

傳輸方式：無線與有線電視

2000營收：美金4.7億

接收户數：32 million

CINEMAX

母公司：Time Warner

節目內容：電影

傳輸方式：有線電視付費頻道

2000營收：美金4.3億

接收户數：15 million

STARZ!

母公司：Liberty Media

節目內容：電影

傳輸方式：衛星電視

2000營收：美金4.2億

接收户數：11 million

TLC (The Learning Channel)

母公司：Discovery Communications

節目內容：資訊知識性

傳輸方式：有線電視

2000營收：美金4億

接收户數：79 million

附錄五　全美普及率超過五千萬戶的有線頻道

A&E (Arts & Entertainment)	76 million
American Movie Classic	69 million
Animal Planet	70 million
BET (Black Entertainment TV)	58 million
CNN (Cable News Network)	77 million
The Cartoon Network	60 million
CNBC	71 million
Comedy Central	62 million
Court TV	53 million
C-SPAN	79 million
C-SPAN2	60 million
Discovery Channel	82 million
Disney Channel, The	57 million
E! Entertainment TV	60 million
ESPN	77 million

附錄五

全美普及率超過五千萬戶的有線頻道

ESPN2	70 million
Food Network	50 million
Fox Family Channel	75 million
Fox News Channel	56 million
FX	53 million
Headline News	72 million
History Channel, The	70 million
Home & Garden TV	60 million
Home Shopping Network	52 million
Learning Channel, The	78 million
Lifetime	80 million
MSNBC	53 million
MTV	73 million
Nickelodeon	76 million
Pax TV	78 million
QVC	76 million
TBS Superstation	78 million
TNN	75 million
TNT	77 million

Travel Channel, The	54 million
Turner Classic Movies	50 million
TV Land	60 million
USA Network	77 million
VH1	70 million
Weather Channel, The	80 million
WGN	50 million

換個姿勢看電視

作　　者／鄭明椿
出 版 者／揚智文化事業股份有限公司
發 行 人／葉忠賢
總 編 輯／林新倫
登 記 證／局版北市業字第1117號
地　　址／台北市新生南路三段88號5樓之6
電　　話／(02)2366-0309
傳　　真／(02)2366-0310
網　　址／http://www.ycrc.com.tw
E-mail／book3@ycrc.com.tw
郵撥帳號／19735365
戶　　名／葉忠賢
印　　刷／鼎易印刷事業股份有限公司
法律顧問／北辰著作權事務所　蕭雄淋律師
ISBN／957-818-485-9
初版一刷／2003年4月
初版二刷／2003年6月
定　　價／250元

國家圖書館出版品預行編目資料

換個姿勢看電視／鄭明椿著. -- 初版. --臺北市：揚智文化, 2003[民92]
面； 公分

ISBN 957-818-485-9（平裝）

1.有線電視

557.77 92001788